Le Mystère du Sommeil

PAR

John BIGELOW, L. L. D.

Ancien Envoyé Extraordinaire et Ministre Plénipotentiaire
des États-Unis en France

*Lorsque la nuit tombe pour le corps,
Le jour se lève pour l'âme.*

JAMES RUS.

PARIS
LIBRAIRIE FISCHBACHER
33, RUE DE SEINE, 33
—
1906

Le
Mystère du Sommeil

OUVRAGES DU MÊME AUTEUR

The Wit and Wisdom of the Haytians.

Jamaica in 1850 or the Influence of sixteen years of freedom on a Slave Colony.

Les Etats-Unis d'Amérique en 1863.

France and the Confederate Navy.

Life of Benjamin Franklin, the first diplomatic agent accredited by the United States to the Government of France.

Life of Samuel J. Tilden.

Life of William Cullen Bryant.

Molinos the Quietist.

Some Recollections of Edouard Laboulaye.

The Useful Life, a crown to the Simple Life.

Le Mystère du Sommeil

PAR

John BIGELOW, L. L. D.

Ancien Envoyé Extraordinaire et Ministre Plénipotentiaire
des États-Unis en France

Lorsque la nuit tombe pour le corps
Le jour se lève pour l'âme.

IAMBLICHUS.

PARIS
LIBRAIRIE FISCHBACHER
33. RUE DE SEINE, 33
—
1905

TABLE DES CHAPITRES

CHAPITRE Iᵉʳ

Pages

POURQUOI EMPLOYONS-NOUS A DORMIR LE TIERS DE NOTRE VIE ? — LES NOTIONS ADMISES SONT TROMPEUSES . . . . . , . 13

CHAPITRE II

LES RÊVES SONT L'INDICE D'UN SOMMEIL IM-PARFAIT. — EXTRAORDINAIRE ACTIVITÉ DE L'ESPRIT ET DU CORPS PENDANT LE SOM-MEIL PARFAIT. — Dʳ HACK TUKE, SUR L'EXERCICE DE LA PENSÉE PENDANT LE SOMMEIL. — LE RÊVE DU PROFESSEUR AGASSIZ. — THÉRAPEUTIQUE DU SOMMEIL. 22

CHAPITRE III

LE SOMMEIL, INTERROMPT TOUTES NOS RELA-TIONS CONSCIENTES AVEC LE MONDE PHÉNO-MÉNAL (*) ET DEVIENT AINSI UN DES AGENTS

(*) L'auteur entend par *monde phénomal*, par *vie phéno-ménale*, le monde et la vie qui se révèlent à nos sens par des phénomènes matériels et physiques.

ESSENTIELS DE LA RÉGÉNÉRATION SPIRI-
TUELLE. — L'OBSCURITÉ DE LA NUIT AL-
LIÉE DU SOMMEIL. — NOTRE TRANSFOR-
MATION PENDANT LE SOMMEIL. — LE
POÈTE LUCRÈCE. — VOLTAIRE. — LE VÉNÉ-
RABLE BÈDE. — SWEDENBORG 34

CHAPITRE IV

LES PLUS REMARQUABLES CHANGEMENTS QUI
S'OPÈRENT AU COURS DU SOMMEIL SONT
D'ORDRE PSYCHIQUE, ET NON PAS PHYSIQUE.
— L'ISOLEMENT DES CHOSES DE CE MONDE
EST ABSOLUMENT PARFAIT PENDANT LE
SOMMEIL. — POURQUOI LES PERSONNES
AGÉES DORMENT MOINS QUE LES AUTRES.
— MYSTÉRIEUX EFFETS DU SOMMEIL SUR
LES EXIGENCES DE NOS APPÉTITS. — NOTRE
ENDURANCE EST PLUS GRANDE PENDANT
LE SOMMEIL QUE PENDANT LA VEILLE. —
LE BESOIN DE SOMMEIL DIMINUE A MESURE
QUE L'ORGANISATION DE NOTRE EXISTENCE
DEVIENT PLUS COMPLEXE. — BUFFON. —
ESCULAPE. — LETTRE DE IAMBLICHUS. —
MAHOMET. — LE RÊVE DE CICÉRON? . . 47

CHAPITRE V

LES ÉVÉNEMENTS LES PLUS IMPORTANTS DE L'HISTOIRE DE L'HUMANITÉ ONT ÉTÉ ENGENDRÉS PENDANT LE SOMMEIL. — MÊME ORIGINE POUR L'ALTRUISME. — EFFETS SPIRITUELS EXTRAORDINAIRES DU SOMMEIL RELATÉS PAR LA BIBLE 64

CHAPITRE VI

INFLUENCE SPIRITUELLE DU SOMMEIL DÉMONTRÉE PAR LE MANQUE MÊME DE SOMMEIL. — MALADIES QUI EN RÉSULTENT. — DÉFENSE D'HAITI PAR TOUSSAINT LOUVERTURE. — HABITUDES DIFFÉRENTES DES ANIMAUX DOMESTIQUES OU DES BÊTES DE PROIE PENDANT LEUR SOMMEIL. — EXPLICATION DU PEU DE LONGÉVITÉ PARMI LES SAUVAGES. — CONTRASTE ENTRE LES HABITUDES DES SERPENTS VENIMEUX ET CEUX QUI NE LE SONT PAS. — INFLUENCE DU SOMMEIL DANS LA CHARPENTE DES PIÈCES DE SHAKESPEARE. — Dr WILKINSON. — MARIE MANACEINE. — *English Bards and Scotch Reviewers*, DE BYRON. 86

Pages.

CHAPITRE VII

LA SIGNIFICATION DU REPOS PRIS PAR DIEU
LE SEPTIÈME JOUR DE LA CRÉATION, ET
DE L'OBLIGATION IMPOSÉE PAR LUI A SON
PEUPLE . D'OBSERVER LE SABBAT COMME
JOUR DE REPOS 117

CHAPITRE VIII

PRÉÉMINENCE DONNÉE DANS LA BIBLE AUX
HEURES MATINALES, ET DE LEUR SIGNI-
FICATION SPIRITUELLE 126

CHAPITRE IX

NOTRE MÉMOIRE EXTÉRIEURE ET INTÉRIEURE.
— LE « CORPS TERRESTRE » ET LE « CORPS
CÉLESTE », D'APRÈS COLERIDGE. — LES OPÉ-
RATIONS DE NOTRE VIE NON PHÉNOMÉNALE,
AUSSI IMPORTANTES QUE CELLES DE NOTRE
VIE PHÉNOMÉNALE . . , ... 143

CHAPITRE X

DORMIR, C'EST MOURIR CHAQUE JOUR. — LA
VIE VIENT DE DIEU SEUL. — TOUTES LES
CAUSES SONT SPIRITUELLES. — TOUS LES
PHÉNOMÈNES SONT DES RÉSULTATS. — LE

Pages

RÊVE DE SCIPION. — LA MORT ET LE SOM-
MEIL SONT JUMEAUX. — « LA NUIT »,
D'HENRY VAUGHAN. 157

CHAPITRE XI

QUICONQUE DIRA : « TU ES UN FOU, ENCOURRA
LE FEU DE L'ENFER. ». . . . . . . ; . 183

CHAPITRE XII

POURQUOI IL NE NOUS EST PAS PERMIS D'AVOIR
CONSCIENCE DE CE QU'ÉPROUVE L'AME PEN-
DANT LE SOMMEIL. — COMMENT NOUS DE-
VRIONS PRENDRE SOIN DE NOTRE SOMMEIL.
— LES NARCOTIQUES SONT NUISIBLES AU
SOMMEIL. — LE COMTE TOLSTOI, SUR LES
STIMULANTS A BASE D'ALCOOL. — TOUTES
LES VERTUS FAVORISENT LE SOMMEIL ; TOUS
LES VICES L'ÉLOIGNENT 203

A MES LECTEURS

L'auteur de ces pages désire recommander à ses lecteurs d'examiner de façon approfondie les propositions suivantes :

I. — Le sommeil ne représente ni n'implique le repos dans le sens d'inactivité ou de paresse, soit psychique, soit physique.

II. — Il est contraire à toute notion rationnelle de la divine Providence que nous passions le tiers de notre vie dans des conditions telles que nous ne puissions éprouver aucun développement physique ou psychique.

III. — La suspension de notre conscience pendant le sommeil interrompt momentanément nos relations avec le monde physique, et nous protège contre ses distractions sans lesquelles le développement spirituel — but divin de notre création — serait impossible.

IV. — Ni les modifications psychiques ni les modifications physiques que nous avons conscience d'avoir subies pendant les heures consacrées au sommeil ne pourraient être appréciées par nous, si l'activité des facultés corrélatives avait été suspendue.

V. — La subjugation involontaire et périodique de nos sens au sommeil est un des agents essentiels de la régénération spirituelle, et sans lui, cette régénération serait impossible.

VI. — L'influence spirituelle et l'importance vitale du sommeil sont aussi démontrées par les conséquences résultant de sa privation.

VII. — Toutes les vertus favorisent le sommeil, et tous les vices l'éloignent.

VIII. — La différence entre la mort et le sommeil consiste plutôt dans leur durée que dans leur nature.

IX. — Ne devrions-nous pas considérer chaque désir contrecarré, chaque projet déçu, chaque dessein réduit à néant, comme un temps de repos, semblable au sommeil, destiné à nous rappeler que nous ne sommes pas suffisamment armés pour notre propre service ?

X. — Les fous, les imbéciles et toutes les personnes dont l'esprit est plus ou moins déséquilibré doivent être considérés comme étant, pendant leurs heures de veille, partiellement protégés contre les mauvaises influences du monde phénoménal, exactement comme les gens sains d'esprit le sont durant leur sommeil.

XI. — La proposition précédente ne devrait-elle pas modifier les notions populaires de notre devoir envers les faibles d'esprit, les infortunés et les malheureux ?

J. B.

21, Gramercy Park, New-York.

CHAPITRE Ier

POURQUOI EMPLOYONS-NOUS A DORMIR LE TIERS DE NOTRE VIE ? LES NOTIONS ADMISES SONT TROMPEUSES.

Comment se fait-il qu'une loi inexorable pousse les enfants des hommes à dormir, en moyenne, huit heures sur vingt-quatre, soit le tiers de leur existence ?

Pourquoi leur sentiment intime se trouve-t-il périodiquement suspendu, et pourquoi une si grande partie du jour est-elle ainsi perdue, alors qu'on devrait la consacrer à l'accomplissement des devoirs imposés par l'Auteur de toutes choses, ou aux plaisirs innocents qu'Il nous a autorisés à goûter ?

Pourquoi cette perte apparente est-elle une des conditions de notre vie ?

Telles sont les questions qui traversent, à certaines époques de leur existence, l'esprit de la plupart des gens qui pensent, et, pour ceux qui sont pénétrés de cette grande et impressionnante vérité que, dans la divine économie, il n'y a rien qui puisse être gaspillé, elles demeurent comme un problème insondable.

« Pourquoi essayer de prolonger notre vie, se demandait Kant, si nous devons passer de si nombreuses heures à dormir ? »

Ce philosophe ne trouvait à cette question de meilleure solution qu'un lever matinal et qu'une diminution du temps consacré au sommeil. C'était la théorie présumant comme perdues les heures passées à dormir.

Le plus grand nombre se contente de la théorie d'après laquelle nos membres, fatigués par le labeur de la journée, ont besoin de repos pour se délasser, simplement parce qu'ils sont fatigués de même que le sol, pour demeurer productif, exige qu'on lui fournisse des engrais.

La science elle-même n'a pu mieux expliquer l'utilité du sommeil que par la nécessité de réparer l'usure du tissu, de faire, comme la bonne ménagère, « le point à temps » ; elle affirme encore qu'une heure sur trois, huit sur vingt-quatre, quatre mois sur les douze de l'année, et vingt-trois ans sur soixante-dix forment une juste mesure pour satisfaire à cette obligation.

Voici donc, en substance, quelle réponse est faite presque uniformément aux questions inscrites en tête de ce chapitre, et la théorie d'après laquelle nous dormons pour nous reposer, et pour ce but uniquement, paraît absolument incontestée. Cependant, une telle réponse admet comme des faits certaines choses qui ne sont point des faits, et tout raisonnement établi sur une telle fondation doit être trompeur.

Quand nous disons que nous nous reposons en dormant, une question se dresse tout naturellement : quelles sont les parties de notre être qui, se reposant au cours de notre sommeil, ne se reposent pas également en état de veille ?

Quelle est la faculté de la nature matérielle ou immatérielle de l'homme qui se repose durant le sommeil ?

Quelle fonction ou quelle énergie particulière au corps est alors absolument suspendue ?

Ce n'est certainement pas le cœur, qui ne jouit d'aucun instant de repos, depuis l'heure de notre naissance jusqu'à celle de notre mort. Il ne cesse d'envoyer notre sang chargé d'énergie vitale à travers chacune de nos veines, de nos artères, et dans tous les tissus de notre corps. Les poumons aussi travaillent sans relâche à s'approvisionner d'air frais pour purifier ce sang, et le rendre propre à l'usage auquel il est destiné. A l'aide d'un système délicat et complexe de contractions et d'expansions musculaires, le jeu de l'expiration et de l'inspiration fonctionne nuit et jour avec une vigueur qui ne se ralentit pas un seul instant. Il en est de même de notre estomac, de nos glandes, de nos reins et de toutes les mystérieuses opérations effectuées par notre appareil digestif ; nos ongles et nos cheveux eux-mêmes se montrent d'aussi incessants travailleurs que notre cœur et nos poumons. La peau agit plus énergiquement pendant le sommeil qu'à tout autre moment, ainsi qu'en témoignera, le lendemain matin, l'atmosphère de notre chambre à coucher, si nous n'avons pas pris la précaution de l'aérer dans l'intervalle. Il faut attribuer à une transpiration plus active à ces heures-là la propension aux frissons que nous éprouvons plutôt pendant le sommeil qu'à d'autres moments. L'observation et la pratique prouvent que, durant le sommeil, le corps digère et s'assimile mieux la nourriture absorbée au moment de se coucher qu'il ne le fait si on se livre à un exercice actif immédiatement après le repas.

Pendant son sommeil, une personne jouissant d'une excellente santé expulsera de son corps, par la transpiration et sans recourir à aucun moyen artificiel pour atteindre ce but, deux fois plus de matière qu'elle ne le fera, éveillée, dans le même laps de temps, et les pores de la peau n'évacueront rien qui ne soit complètement digéré et dépouillé de tous les éléments nécessaires au corps.

Très fréquemment aussi, les reins travaillent plus activement pendant le sommeil que pendant la veille.

Aujourd'hui, la science admet également le fait que chaque impression faite sur l'esprit du dormeur produit un changement dans le volume du cerveau. Ceci prouve que les différents nerfs, correspondant aux sens aussi bien que la moelle épinière, sont pratiquement incapables de fatigue. Les soins dont l'homme et tous les animaux s'entourent quand ils désirent dormir—tels que le fait de s'abriter de la lumière ou du bruit, de fermer la porte et de tirer les rideaux, en un mot d'exclure toute impression du monde extérieur pouvant les troubler — nous apprend que le système nerveux en entier — même notre sentiment du moi, que nous avons l'habitude de considérer comme suspendu — conserve son pouvoir d'action tout aussi complètement dans le sommeil que dans tout autre état. Certains oiseaux dorment sur une patte. Endormis, les oiseaux d'eau continuent à battre doucement l'onde d'une patte, montrant ainsi qu'un groupe de muscles, soumis à la volonté, demeure toujours actif. Des soldats s'endorment fréquemment à cheval et même à pied, au cours d'une marche de nuit. Il n'est pas rare non plus que des personnes répondent nettement à des questions à elles posées, et cela sans se réveiller ni en conserver le souvenir. On a réuni des statistiques démontrant que, sur deux cents collégiens, quarante et un pour cent du sexe masculin et trente-sept pour cent du sexe féminin parlent en dormant. Ainsi, dans nos rêves, nous recevons des impressions démontrant que, non seulement les nerfs mettant en action les sens de la vue, de l'ouïe. de l'odorat et du goût restent actifs pendant le sommeil, mais que les centres nerveux cérébraux correspondant le demeurent également. Les yeux sont clos, non seulement parce que la faculté de les ouvrir ou de voir se trouve suspendue, mais simplement parce que nous ne voulons pas les ouvrir et voir clair. Cela nous arrive très souvent à l'état de veille, lorsque nous fermons les yeux pour éviter la lumière, favoriser nos méditations, nous plonger dans la prière, ou encore, au milieu de la nuit, lorsque nous cherchons à appeler le sommeil. Pas plus dans un cas que dans l'autre, aucune faculté visuelle n'est arrêtée. De ce que notre ouïe est généralement moins fine pendant le sommeil, il ne s'ensuit pas un arrêt de nos fonctions auditives, mais, comme cela se produit souvent pendant l'état de veille, nous devons l'attribuer simplement à un manque d'attention.

Tout son inaccoutumé, de nature à provoquer notre attention en état de veille, est capable de nous réveiller. Quiconque a traversé l'océan a pu remarquer l'effet subit produit sur un dormeur par un bruit inusité, bien que ce dernier soit moins considérable que celui — plus familier — de la machine. Très peu de passagers, au contraire, persisteront à dormir si la machine stoppe. De même, une odeur désagréable ou intempestive réveillera un dormeur au moment précis où, éveillé, il l'aurait perçue.

La nature ne s'arrête jamais, a dit Gœthe ; au contraire, elle est l'ennemie acharnée de l'inaction.

Il existe malheureusement un très grand nombre d'individus des deux sexes qui, d'un bout de la semaine à l'autre, ne font rien ou presque rien pour fatiguer leur esprit ou leur corps, et qui cependant dorment aussi régulièrement et presque aussi longtemps que les travailleurs. Tel ne pourrait pas être le cas, si le repos— cessation d'un labeur volontaire — était l'unique ou le principal but du sommeil.

Aujourd'hui, on admet à peu près généralement, je crois, que les parties constituantes de l'être humain sont ou spirituelles ou matérielles ; qu'en nous, ce qui n'est pas spirituel est matériel, et ce qui n'est pas matériel est spirituel. La fatigue, sans aucun doute, ne peut être reliée à aucune qualité spirituelle. Personne ne prétendra que la vertu, la véracité, la patience, l'humilité, l'amour fraternel soient des attributs ou des qualités qui puissent être soumis à la fatigue, pas plus qu'on ne soutiendra que deux fois deux sont, auront jamais été ou pourront devenir une quantité inférieure ou supérieure à quatre.

Ceci, bien entendu, est également vrai pour les qualités spirituelles d'ordre inverse, telles que le vice, le mensonge, la cruauté, l'orgueil, l'égoïsme, la haine, etc.

Aucun homme, après s'être senti bon pendant quelques heures, n'éprouvera le besoin de laisser reposer sa bonté, et, dans ce but, ne deviendra pas bassement égoïste durant ce repos — condition nécessaire de cette absence ou de cette suspension de bonté.

Si donc quelque chose en nous réclame un repos réparateur, ce ne peut être que la « sombre demeure de notre âme », notre corps matériel. Mais la matière ne possède pas la faculté de créer ou d'arrêter le mouvement. Elle est absolument inerte. Si la matière était susceptible de se fatiguer, elle pourrait et devrait s'user, diminuer de volume et périr, s'il ne lui était pas permis de prendre du repos et de se reconstituer.

Personne ne prétend que la masse entière de la matière, soumise de la part de l'homme à un traitement quelconque, soit capable d'augmentation ou de diminution. Si elle était susceptible de se fatiguer, la matière pourrait être anéantie — résultat qui, scientifiquement parlant, n'est pas supposable, et, si quelque atome de matière pouvait subir de la fatigue et éprouver le besoin de se reposer, il devrait en être de même pour toute la matière de l'univers. Comment, avec une semblable supposition, pouvons-nous expliquer l'incessante énergie des innombrables planètes qui, depuis l'aurore de la création, dansent au son de la musique des sphères autour de leurs soleils respectifs, avec des vitesses toujours uniformément périodiques, et sans s'arrêter un seul instant depuis des myriades d'années pour refaire leurs pertes. Si un atome ou une fraction de notre corps exigeait du repos, combien incalculablement plus en exigeraient les planètes !

On recherchera vainement une loi, un attribut

ou une propriété de la matière ou de l'esprit qui, dans une circonstance quelconque, prescrive le repos comme une fin ou une nécessité subjective ₁.

₁. « Dans la nature, il n'existe aucun exemple de repos absolu, tout ce que l'on désigne sous le nom de repos n'étant que l'expression des relations des corps par rapport aux autres parties de l'espace. Le mouvement atomique accompagne toute variation thermique ; cette variation est incessante et universelle. Tout mouvement chimique ou polaire est continu ; et le mouvement annuel et diurne de la terre change perpétuellement la position de chacun des atomes composant sa masse. Les mouvements, liés les uns aux autres, du système solaire et le mouvement de ce système vers une constellation éloignée, pris avec le mouvement des étoiles binaires et des nébuleuses, constituent la preuve d'un déplacement continuel — ce qui nous amène à conclure raisonnablement en faveur d'un mouvement de tout le monde stellaire, que l'absence d'une parallaxe appréciable et la durée limitée de notre observation nous empêchent de vérifier. L'univers lui-même se trouve affranchi d'une triste uniformité et est doué d'une activité, d'une existence rotative et d'une beauté simplement dues au mouvement perpétuel de chacun de ses atomes.

. . . .

« La balance du chimiste a également fait justice de la croyance, si longtemps admise, en la destructibilité de la matière. Aujourd'hui, la conception de sa diminution, ou de son rejet dans le néant, est aussi impossible que celle de son augmentation ou de sa création spontanée. Considérée comme réservoir d'énergie interne, elle représente, par son mouvement incessant, une force mécanique et son augmentation ou son anéantissement détruit toute notion des lois de la force. C'est pourquoi on en arrive à cette conclusion que, dans l'univers, la quantité de matière et d'énergie interne demeure toujours la même. »

One law in Nature, par feu le capitaine H. M. Lazelle, de l'armée américaine.

———

CHAPITRE II

LES RÊVES SONT L'INDICE D'UN SOMMEIL IMPAR-
FAIT. EXTRAORDINAIRE ACTIVITÉ DE L'ESPRIT ET
DU CORPS PENDANT LE SOMMEIL PARFAIT. — LE
DOCTEUR HACK TUKE, SUR L'EXERCICE DE LA
PENSÉE PENDANT LE SOMMEIL. — LE RÊVE DU
PROFESSEUR AGASSIZ. — THÉRAPEUTIQUE DU
SOMMEIL.

La science est obligée d'admettre que, durant
le sommeil, ni les facultés intellectuelles ni les
facultés morales ne se reposent tout le temps.
La volumineuse histoire des rêves, du somnambulisme, de l'hypnotisme, des manifestations quasi
surnaturelles de la mémoire, du courage et de la
susceptibilité morale doit être expliquée avant
qu'on accepte le dogme du sommeil impliquant, à
un moment quelconque, un repos absolu pour notre
nature, aussi bien spirituelle que matérielle —
pour notre âme aussi bien que pour notre corps.

« Je n'ai jamais pu comprendre, écrit Jouffroy,
mélanges philosophiques VI du sommeil, ce que
veulent dire les gens qui prétendent que l'esprit dort. Il est impossible de montrer qu'il
existe, pendant le sommeil, des moments où
l'esprit ne rêve pas. Ne pas avoir souvenance de

nos rêves ne prouve pas que nous n'ayons pas rêvé.

« On ne discutera pas que l'esprit demeure quelquefois éveillé pendant que les sens dorment.

« On n'a pas établi le fait que l'esprit dort parfois en même temps que les sens. Toutes les analogies tendent à prouver que l'esprit reste toujours éveillé. Il faut des faits contradictoires pour détruire cette déduction; or tous les faits, au contraire, semblent la confirmer. Ils me conduisent à cette conclusion : pendant le sommeil, l'esprit ne se trouve pas dans une disposition ou dans un état particulier, *mais il marche et se développe absolument comme dans les heures de veille.* »

Un paysan visitant une grande ville et y restant une nuit ou deux ne dormira que difficilement. Une personne lisant un livre ne pourra fixer son attention tant qu'on parlera autour d'elle. Au bout d'un certain temps, la nouveauté de ces distractions s'émoussera, et cessera de demander ou de recevoir une attention particulière. Évidemment, dans l'un et l'autre cas, la distraction ne sera pas une affaire des sens, mais purement de l'esprit.

Ce ne sont pas les sens qui perçoivent d'abord les bruits importuns de la rue ou du salon, puis qui les perçoivent moins, et enfin plus du tout. C'est l'attention de l'esprit qui est captivée par ces sensations ou qui les néglige. Les mêmes sons frapperont seulement d'une façon plus sensible l'oreille d'un sauvage ou d'un aveugle ; mais, d'autre part, le paysan, en se familiarisant avec ces sons, y deviendra peu à peu insensible.

Si l'effet était physique, s'il dépendait du corps et non de l'esprit, il y aurait là une contradiction et logiquement une impossibilité, car l'habitude ne peut que soit affaiblir l'organe physique, soit l'aiguiser ; elle ne pourrait produire à la fois ces deux résultats, ainsi que cela arrive dans le cas de l'aveugle et du paysan, que nous venons de considérer.

Au demeurant, l'habitude n'amoindrit ni n'aiguise la sensibilité de l'organe, qui reçoit toujours les mêmes sensations; mais, lorsque ces sensations nous intéressent ou nous concernent, l'esprit les enregistre et les analyse. Quand elles ont cessé de nous intéresser ou de nous concerner, l'esprit s'accoutume graduellement à les négliger et à ne pas les analyser.

Le phénomène est purement psychique, et point du tout physique. Le centième jour de séjour du paysan, bien que les bruits de la ville n'aient pas changé ils ne le troubleront plus, donc la différence dans l'effet produit ne peut résider que dans l'esprit. Si l'âme avait dormi avec le corps, celle-ci aurait sommeillé en même temps que lui, et on ne voit aucune raison pour qu'elle se réveille avant lui ou lui avant elle.

Ces faits équivalent presque à démontrer que l'esprit ne dort pas comme le corps, mais que, troublé par des sensations inaccoutumées, il se

réveille, ce qui n'arrive plus quand ces sensations
lui sont devenues familières.

Voici comment on peut expliquer ces phénomènes
et en outre confirmer leur réalité : Si des bruits
inusités troublent l'esprit, celui-ci a besoin des
sens pour l'avertir de la cause et le débarrasser de
son inquiétude ; c'est ce qui l'oblige à se réveiller.
Nous nous trouvons ainsi importunés par un bruit
anormal, ce qui n'arriverait pas si notre esprit
n'avait pas été inquiété par ce bruit, avant notre
propre réveil.

On ne peut envisager qu'une théorie. L'âme ou
l'esprit qui veille sait d'où viennent les sensations
et ne s'importune pas ni n'éveille les sensations pour
qu'elles l'informent sur la nature de ces bruits, à
moins qu'ils ne lui soient pas familiers, et qu'ils
n'entraînent quelque devoir à accomplir ou quelque
malheur à éviter. Le bruit insolite — bien que com-
parativement très faible — d'une domestique balay-
ant le tapis d'une pièce voisine de votre chambre,
réveillera celui qui dort, alors que le sifflet d'un
train, qu'on peut entendre de plusieurs kilomètres
à la ronde — mais auquel il est habitué— ne le
dérangera même pas dans son sommeil. De même,
une garde-malade dormira au milieu de tous les
bruits qui ne concernent pas son malade, alors que
ce dernier ne peut se retourner dans son lit ou pousser
un soupir, ou seulement respirer autrement qu'à
son ordinaire, sans attirer son attention.

Egalement, nous pouvons avoir la certitude
de nous réveiller à une heure fixe, si, au moment
de nous coucher, nous avons résolu qu'il en soit
ainsi, tandis que, si nous nous fions à quelqu'un
pour le faire, nous perdons cette faculté. L'esprit
joue auprès de nous le rôle de sonnette d'alarme
qui, convenablement réglée, nous trompe rarement.
Les sens ne sont simplement que des instruments
obéissant aux ordres de l'esprit.

Le regret du jeune garçon de charrue écossais
se plaignant de ne pouvoir jamais prendre une nuit
de repos parce que, à peine la tête sur son oreiller,
il lui fallait se lever de nouveau, n'est point un fait
rare en lui-même, surtout parmi les jeunes gens
vivant au grand air et n'ayant pas d'habitudes
de nature à troubler leur sommeil.

J'appellerai maintenant l'attention du lecteur sur
d'autres phénomènes incompatibles avec l'idée que
le sommeil est un état de repos absolu, phénomènes
que la science n'essaye ni de contredire ni d'expliquer.

Les rêves sont ordinairement l'indice d'un sommeil plus ou moins imparfait ; une simple interruption partielle de nos relations avec les objets extérieurs; le crépuscule ou l'aurore du monde phénoménal, au moment précis où nous y pénétrons au matin
et au moment précis où nous en sortons à la nuit.
Ainsi que le dit Robert Herrick :
« Nous vivons ici-bas tout le jour ; la nuit, les

rêves nous précipitent dans un monde spécial. »

Les rêves sont au dormeur ce que le rivage représente pour le nageur lorsque, émergeant de la mer, son pied se porte sur la terre ferme. Notre mémoire ne conserve aucun souvenir des rêves, ou, plutôt des opérations mentales ou spirituelles subies entre ce crépuscule et cette aurore, à la condition, bien entendu, que notre sommeil soit profond.

Nous ne sommes conscients que des rêves qui arrivent lorsque le monde phénoménal se trouve seulement en partie exclu de notre conscience d'être, lorsque nous remontons, pour ainsi dire à la surface des eaux profondes dans lesquelles notre âme a été immergée. De là peut-être, le caractère, confus illogique et fantastique de ce qui subsiste d'eux à notre réveil. On doit, en conséquence, présumer qu'une partie de ce qui se passe dans notre profond sommeil, et qui n'est point du tout modifié par des influences directes du monde phénoménal, demeure entièrement exempt de ce qui paraît souvent si improbable et si fantastique dans ce que nous nous rappelons de nos rêves, lesquels ne sont indubitablement que le mélange d'émanations de deux mondes ou de deux états absolument différents[1].

1. Dans la citation donnée plus haut des écrits de Jouffroy, ce philosophe confond les impressions produites en état de rêve, et dont nous sommes plus ou moins conscients, avec les impressions reçues en état de profond sommeil, et dont nous n'avons jamais conscience, sinon par une permission divine.

Rêver, c'est dormir imparfaitement, c'est un état dans lequel le monde phénoménal a déjà commencé à surgir devant nous. Notre conscience, par conséquent, revient avec lui *pari passu*. Le réveil accompagne toujours le souvenir des rêves ; et de même, personne n'a conscience de rêver, s'il n'est partiellement réveillé. Jouffroy avait raison d'affirmer que notre esprit restait aussi actif pendant les heures de sommeil qu'en tous autres moments ; mais ni les faits ni la logique ne soutiendront l'assertion que « nous ne dormons jamais sans rêver ».

L'homme qui marche en dormant, le somnambule, fait même preuve parfois de plus de vitalité et d'énergie qu'il ne serait capable d'en montrer en état de veille. Non seulement il se promène, court, monte à cheval et accomplit tout ce qu'il est habitué de faire ; mais, avec ses yeux complètement clos, il paraît avoir des perceptions surnaturellement aiguës. Il va, d'un pied sûr et confiant sur le toit des maisons, sur les berges des rivières et dans d'autres endroits périlleux où, réveillé, rien n'aurait pu l'amener à se risquer. Chose plus merveilleuse encore, il écrira en prose et en vers avec une justesse incontestable ; il composera de la musique. Avec une promptitude et une précision inconnues de lui, même en état de veille, il choisira, au milieu d'une multitude d'éléments, ceux qui sont le mieux appropriés à la plus délicate des œuvres.

Le Dr Hack Tuke, une haute autorité anglaise, dit : « On ne saurait mettre en doute que l'exercice de la pensée — et cela sous sa forme la plus élevée — ne soit compatible avec le sommeil. On a employé dans ce débat des arguments qui ne manquent pas de logique. Une nuit, après une conversation animée, échangée avec un ami sur le spiritualisme, nous rêvions que nous avions établi un nombre de preuves s'y rapportant. Après notre réveil, notre mémoire garda vivace le souvenir de ces preuves. Elles ne manquaient point d'ingéniosité, et prouvaient que notre activité mentale se trouvait en bonne condition.

« Ceux qui prennent la peine d'analyser les motifs sous l'influence desquels cette activité se produit au cours du sommeil, doivent admettre que des sensations morales supérieures sont mises en jeu. Aussi bien la nuit que le jour, les appels et les reproches de la conscience peuvent être violents.

« La mémoire, libérée de toute distraction, ainsi que cela arrive parfois, est assez vive pour permettre au dormeur de se souvenir d'événements passés plusieurs années auparavant et complètement oubliés.

« Le dormeur échappe à la nervosité, au manque de courage ou à la crainte de l'opinion d'autrui, ce dont il pourrait souffrir en état de veille[1] . »

1. Dr. Hack Tuke, *Médical Physiology of Dreams.*

Il convient de noter ici que ni le magnétisme animal, ni l'hypnotisme, ni aucune des formes modernes du sommeil supranormal ou volontaire ne peuvent être proprement attribués à ce qui est communément regardé comme les stimulants principaux et normaux du sommeil : la fatigue et l'épuisement.

Il faut aussi remarquer qu'on se sert plus ou moins de tous ces procédés pour le traitement des maladies, et qu'ils occupent une certaine place dans les plus importantes écoles médicales de l'univers.

Le sommeil artificiel peut occasionner les mêmes symptômes de langueur et de fatigue. On produit l'hypnose en présentant au sujet hypnotisé une idée quelconque ou une image, soit par la parole, soit par l'exemple, aussi bien qu'en stimulant les organes de la vue, de l'ouïe ou du toucher, ou encore par le tic tac d'une montre, par un chant monotone ou berceur, ou par le frottement léger de la main sur la peau. Dans chacun de ces cas, l'attention du sujet se concentre sur un seul objet, et se détache progressivement du reste du monde phénoménal. Ceci, je crois, constitue la caractéristique invariable de tous les états hypnotiques, mesmériques ou léthargiques, dans quelque temps, en quelque lieu et de quelque façon qu'ils aient été produits.

Le lecteur se souviendra qu'un détachement absolu du monde phénoménal est la condition

uniforme du sommeil, soit provoqué, soit stimulé.
J'espère prouver plus tard l'énorme importance de
ce principe.

Si, comme il n'est pas présomptueux de l'affirmer,
rien, d'après l'ordonnance divine, ne doit être perdu,
ce changement périodique et universel que nous
appelons sommeil, changement conçu par une
sagesse infinie, doit avoir un but, et conséquemment,
un but infiniment important : alors, ce que nous
nommons repos n'est plus qu'un incident, et ne
peut certainement pas être ce but final.

Quel est alors ce but final ?

Si nous consentons à raisonner d'après ce que
nous savons ou d'après ce que nous pouvons aisément savoir ; si nous voulons résister au penchant
qui nous pousse à confondre les phénomènes matériels avec les opérations mentales et spirituelles,
si nous conservons très distinctes dans notre esprit,
pour le mieux de notre compréhension, les fins ou
le but final de notre naissance, ainsi que les con-
naissances acquises par les épreuves de ce monde,
devons-nous désespérer d'obtenir une solution
satisfaisante à tous ces problèmes, sans gratifier
l'esprit ou la matière d'attributs que ni l'un ni
l'autre ne possède, et sans aucune interprétation
présomptueuse ou capricieuse des voies de Dieu
à l'égard des hommes ?

Ne pouvons-nous pas obtenir de plus amples
informations sur l'usage et la conséquence de tant

d'activités continuant à agir en nous, alors que nous sommes dans un état présumé de complète inactivité ? Ne pouvons-nous pas obtenir quelque explication sur le développement quotidien et extraordinaire de notre condition mentale, morale et physique, développement qu'aucune espèce ou aucune somme de travail ne produit jamais pendant le jour, alors que nos facultés sont supposées dans le meilleur état ?

Feu le professeur Agassiz, dans un de ses ouvrages scientifiques, relate un rêve très curieux et très intéressant, non seulement en tant que fait psychologique, mais encore parce qu'il démontre l'infatigable activité de l'esprit humain.

Je le reproduis tel que sa veuve l'a raconté dans la biographie de son illustre époux [1].

» Il s'était acharné pendant deux semaines à déchiffrer l'obscure empreinte d'un poisson fossile, conservée sur une tablette de pierre. Excédé et perplexe, il renonça enfin à ce travail et tâcha de n'y plus penser. Peu après, il se réveilla une nuit, persuadé que, pendant son sommeil, il avait vu son poisson parfaitement reconstitué et muni de tous les caractères qui lui manquaient. Mais, quand il voulut fixer l'image, elle lui échappa. Cependant, il courut de bonne heure au Jardin des plantes,

1. Recherches sur les Poissons fossiles : « Cyclopoma Spinosum Agassiz », vol. VI, tab. I, p. 20, 21.

pensant qu'un nouvel examen de l'empreinte le mettrait sur la trace de sa vision. Vainement. La silhouette à demi-effacée conservait son secret. La nuit suivante, il revit le poisson, mais sans résultat plus satisfaisant. Comme précédemment, dès son réveil, tout disparut de sa mémoire. La troisième nuit, espérant que le même rêve se répéterait, il plaça près de son lit, avant de s'endormir, un crayon et du papier.

« En effet, vers le matin, le poisson hanta de nouveau ses rêves, d'abord confusément, puis, enfin, avec une telle netteté qu'il n'eut plus le moindre doute sur ses caractères zoologiques. Encore à moitié endormi, dans une obscurité complète, il traça ces caractères sur la feuille de papier déposée près de son lit. Au matin, il fut surpris de trouver dans son esquisse nocturne des traits que, dans son esprit, le fossile ne pouvait révéler. Il se rendit en toute hâte au Jardin des plantes, et, son dessin lui servant de guide, il réussit à enlever à coups de ciseau la surface de la pierre sous laquelle certaines parties du poisson se trouvaient en réalité cachées. Une fois complètement mis au jour, le poisson correspondait à son dessin et à son rêve, ce qui lui permit de le classer facilement. »

CHAPITRE III

LE SOMMEIL INTERROMPT TOUTES LES RELATIONS
CONSCIENTES AVEC LE MONDE PHÉNOMÉNAL, ET
DEVIENT AINSI L'UN DES AGENTS ESSENTIELS DE
LA RÉGÉNÉRATION SPIRITUELLE. — L'OBSCU-
RITÉ DE LA NUIT ALLIÉE DU SOMMEIL. — NOTRE
TRANSFORMATION PENDANT LE SOMMEIL. — LE
POÈTE LUCRÈCE. — « LA TERRE DES RÊVES »,
DE BRYANT. — VOLTAIRE. — LE VÉNÉRABLE
BÈDE. — SWEDENBORG.

Une soudaine et complète dissociation entre le
monde et l'esprit, voilà ce qui constitue le premier
et le plus grave des faits que nous notons comme
inhérents au sommeil. C'est l'interruption de toutes
les relations conscientes avec les choses qui, aux
heures de veille, captivent notre attention. Peu
importe combien nous absorbent les affaires publiques ou privées, combien sont immenses les intérêts
terrestres qui semblent dépendre de chaque moment
de veille ; peu importent les soucis qui nous préoc-
cupent, les désirs que nous caressons: tous ces
éléments ne peuvent reculer que de quelques heures
à peine la visite de l'inexorable despote, alors
qu'elles sont incapables de diminuer, si peu que

ce soit, la légitime mesure de ses exigences. Tout comme la mort, le sommeil frappe aux palais des rois aussi bien qu'aux chaumières des pauvres. Il ne témoigne aucun respect des personnes, et, pendant qu'il lève son tribut, nous perdons la notion de ce que nous avons fait dans le passé et de ce que nous nous proposions d'accomplir dans l'avenir.

C'est là une des caractéristiques absolues du sommeil. Elle s'harmonise avec l'une des lois essentielles de toute existence parvenue à son état normal : la délivrance absolue de la domination exercée par le monde phénoménal, la complète émancipation, pendant que durent ces quelques heures de sommeil, des tribulations et des ambitions de la vie dans laquelle nous sommes nés, et au service de laquelle la nature nous porte à employer toutes nos énergies vitales.

S'il est bon de vivre au-dessus du monde, de considérer notre existence phénoménale comme transitoire, comme simplement ou principalement destinée à nous préparer pour un avenir plus élevé, à nous servir comme un moyen et non pas comme but, alors nous trouvons dans le sommeil un allié et un aide — au moins jusqu'à un certain point — qui vient périodiquement nous délivrer de la dépendance de ce qui devrait être un bon esclave, mais de ce qui se trouve toujours être un détestable maître.

Nous reconnaissons là une incontestable analogie

entre le phénomène du sommeil et l'agent providentiel chargé de régénérer l'âme humaine, et par lequel seulement on peut atteindre avec succès cette régénération. L'existence réelle d'une semblable analogie est un fait d'une importance et d'un intérêt incommensurables, car, dans les desseins divins, ces analogies ne sont pas accidentelles; elles n'existent pas sans un but en rapport avec la dignité de leur auguste origine.

La nature prévoyante a créé certaines choses que l'on peut considérer à juste titre comme des auxiliaires du sommeil, et comme universelles dans leur action. A des intervalles uniformes par chaque vingt-quatre heures, le soleil cesse de briller et enveloppe d'un manteau de ténèbres la majeure partie habitable de notre planète. Cela nous invite non seulement au sommeil par la disparition d'un stimulus qui l'éloigne, mais cela interrompt pratiquement et modifie toutes les formes de l'activité industrielle. Cela gêne sérieusement la locomotion, suspend la plupart des projets et des occupations qui fixent notre attention pendant les heures ensoleillées de la journée, et, pendant une période régulière, nous émancipe de nos penchants naturels, ainsi que des passions qui absorbent, durant le jour, une si grande partie de notre temps et de notre pensée.

Ce n'est pas seulement par le seul coucher du soleil que nous sommes invités journellement à mettre, pour quelques heures, un terme à nos luttes terrestres.

Pendant le sommeil, toutes les fonctions des sens et autres gouvernant la volonté ou gouvernées par elle, se relâchent. Pour assurer ce ralentissement, nous rechercherons des positions, des endroits, en un mot toutes les conditions les plus propres à nous abriter de la lumière, du bruit et de toutes les influences capables de nous réveiller. Tout comme l'homme, les plus petits animaux choisissent, en de pareilles occurrences, un endroit écarté; ils prennent des postures qui ne réclament aucun effort volontaire, et qui les exposent le moins possible aux forces extérieures placées par le hasard dans leur entourage. Le serpent s'enroule sur lui-même, de façon à présenter la plus petite surface ; l'oiseau cache sa tête sous son aile ; le porc-épic couvre ses yeux avec sa queue ; le putois se roule en boule ; le chien enfonce son museau entre ses pattes.

Si l'on se demande pourquoi le laboureur laisse sa charrue dans le sillon dès que le soleil cesse d'é-clairer le chemin, peut-on imaginer une explication plus satisfaisante que celle-ci : pendant quelques heures, il sera comme mort pour tout ce qui concerne sa ferme et sa charrue, et son âme se trouvera affranchie de ces sujets de distraction ?

Quel autre but final aurait le sommeil, si ce but ne se reliait pas clairement à l'utilité même des ténèbres de la nuit, dont il reste une conséquence inévitable et périodique ?

Le docte et pieux Richard Baxter semble s'être persuadé, il y a plusieurs siècles, que le sommeil était tout autre chose que l'état de repos ordinairement décrit par les savants. Dans sa profonde « *Enquête sur la nature de l'âme* », il dit :

« Le phénomène du sommeil et du rêve, dont les auteurs se sont servis pour exalter la nature de la matière et abaisser la perfection de l'âme, montre, si on l'étudie comme il convient, des résultats absolument contraires.

« L'opposition des manifestations existant dans cet état en même temps de *fatigue* et *d'activité, d'insensibilité* et de *vie*, ne peut manquer de nous démontrer les natures opposées des deux parties constitutives de notre composition. Si, pendant le sommeil, la pensée et la conscience chômaient, l'âme paraîtrait être de même nature que le corps. S'il n'y avait aucune *différence* de conscience et de pensée entre *ces moments-là et ceux de la veille*, le corps semblerait participer à la même nature que l'âme, et le principe *pensant* ne serait point aussi palpable.

« L'homme susceptible de raisonner préférerait-il se passer de ces indications d'une existence postérieure ? Le corps ne tombe pas plutôt en état de fatigue ou d'assoupissement, que cette chose interne entre aussitôt avec une nouvelle vigueur sur d'autres scènes d'action, et cela sans la subordination de ses organes physiques, réduits alors à l'impuissance. Il résulte de cela que l'âme peut être touchée d'une autre manière que par les objets extérieurs et à l'aide des sens. Il existe une telle contradiction entre ces différents états, et celle-ci est si facilement reconnaissable, qu'il est étonnant que les hommes puissent jamais les attribuer à la même cause. »

Les merveilleux changements produits dans notre condition — aussi bien morale que physique — et à la suite d'une bonne nuit de repos — changements non moins merveilleux que ceux qui, à la tombée de la nuit, interrompent momentanément nos rapports avec le monde phénoménal — exigent une explication que ne fournissent pas les notions populaires sur le sommeil. « L'heure matinale, dit un proverbe allemand, a de l'or dans sa bouche .» Si notre sommeil n'a pas été troublé soit par un regrettable abandon à nos appétits ou à nos passions, soit par des inquiétudes inaccoutumées, soit par toute autre chose, nous nous réveillons délassés ; nous sentons nos forces renouvelées, notre esprit serein et lucide, nos passions calmées, nos animosités apaisées ; nous éprouvons, à l'égard de notre prochain, des sentiments meilleurs qu'à tout autre moment de la journée. C'est également l'heure consacrée depuis un temps immémorial, par les sauvages comme par les nations civilisées, aux exercices de la piété.

Le Rév. Horace Bushnell n'a-t-il pas dit très sagement : « La nuit est la barre devant laquelle comparaît le jour .» Ne faut-il pas attribuer, sinon directement à la nuit, du moins aux habitudes préparées et façonnées par elle, toute la réflexion existant de par le monde ?

« Chacun sait », prétend un des plus profonds interprètes des phénomènes de la vie[1], « combien douce est une bonne santé, la vigueur nouvelle communiquée à nos forces par un séjour sur notre oreiller. Plus surprenante encore est celle qui dérive du sommeil survenu après une crise d'une maladie grave. Le délassement nocturne de notre enveloppe physique entraîne l'idée d'une action semblable sur notre être spirituel. Débarrassé de la tension dans laquelle, en état de veille, il est tenu envers le monde extérieur, l'esprit, durant le sommeil, tombe dans une condition comparable à celle où il se trouve avant l'éveil de la conscience. Toutes les images et toutes les formes qu'il percevait pendant le jour s'évanouissent, ou ne lui apparaissent plus que comme des peintures réfléchies. N'étant plus solli-cité par les choses du dehors, il acquiert des forces nouvelles et une nouvelle compréhension de ses fins. Beaucoup d'idées qui nous viennent à notre réveil éparpillées et embrouillées se trouvent ainsi

___

(1) *Life : its Nature, Varieties* and *Phenomena,* par Leo H. Grindon, maître de conférences sur la Bota-nique à l'École Royale de Médecine, Manchester.

tamisées et mises en ordre. C'est pour cela que les pensées qui se présentent à nous, à ce moment-là, sont les plus vraies et les plus belles, et que nos rêves sont parfois élevés et judicieux. Ce sont là autant de phénomènes incompatibles avec l'idée qu'à la nuit, nous reposons comme du gazon, dans nos racines organiques, et que, quand nous nous réveillons, nous ressuscitons comme du sein de l'hiver. Pendant le sommeil, l'homme est saisi, non pas par la mort, mais par ce qu'il a de meilleur en lui. Aujourd'hui s'achève pour engendrer demain et pour apparaître de nouveau chaque matin, brillant comme l'enfance de la vie, des tranquilles profondeurs du cerveau. »

Pourquoi, le matin, notre esprit se montrerait-il plus alerte, et résoudrions-nous sans difficulté les problèmes qui, la nuit, nous embarrassent et défient toutes solutions ? Pourquoi les leçons que nous nous efforçons d'apprendre le soir se présentent-elles, à notre réveil, sans qu'un mot nous échappe ? Cette expérience est fréquente chez les écoliers. Ainsi saurons-nous exactement où trouver, après une nuit de repos, des choses que nous aurons en vain cherchées aux heures tardives de la soirée. C'est alors, également, que nous ressentons plus vivement les charmes de la nature ; que nous sommes mieux disposés à atténuer les torts de nos amis et de notre prochain. En fait, il semble que nous ayons en nous, aux heures consacrées à ce que Hésiode, le poète grec, décrit comme le frère de la mort et le fils de la nuit, une source inépuisable de charité.

Si, d'autre part, on nous tire brusquement d'un profond sommeil, pendant un moment nous sommes enclins à nous sentir éblouis. Nous ne savons pas exactement en quel lieu nous sommes, ni la valeur précise des propos que l'on nous tient. Nous agissons comme si nous avions été brusquement amenés d'un monde complètement différent, duquel on nous aurait arrachés malgré nous. Dans ces moments-là, les enfants crient, les adultes se querellent. Si l'on nous permet de refermer les yeux, de retourner d'où nous venons, en un mot d'aller retrouver la compagnie que nous avons quittée, nous sommes heureux.

« Un homme qui se réveille en colère, dit le Rév. Horace Bushnell, doit être presque un démon.

« Après un sabbat inconscient, il commence un autre jour, et tous les jours deviennent alors des lundis. De quelle façon admirable ne sommes-nous pas attirés, par cette sublime économie du sommeil, vers l'exercice de toutes les bonnes dispositions ? Tous les ferments âcres et amers du mal, les haines, les froissements, les soupçons hypocondriaques, les noirs tourments de la misanthropie, les critiques moroses sont si atténués et si adoucis par cette douce et divine discipline du sommeil, que nous ne concevons probablement même pas combien plus douloureusement amères deviendraient toutes ces infirmités de l'esprit, si ces bienfaisantes interruptions ne troublaient pas leurs manifestations.

« Le sommeil est le côté absolument passif de notre existence; il nous prépare mieux que n'importe quoi à tout ce que nous devons acquérir par simple réceptivité. »

Tous les parents connaissent le sourire qui, parfois, éclaire le visage d'un enfant endormi, sourire qui trahit très distinctement, à son réveil, le passage d'agréables émotions. Pline l'Ancien a noté l'habitude qu'ont certains enfants de téter pendant le sommeil ; il a remarqué que d'autres s'éveillaient brusquement, en présentant tous les symptômes de la terreur et de l'angoisse. Lucrèce parle de chevaux de course qui, en dormant, se couvraient soudain de sueur, respiraient lourdement, et dont les muscles se tendaient, comme au moment du départ ; il relate également des chiens qui, profondément endormis, agitent leurs membres et aboient, comme dans la poursuite du gibier, jusqu'à ce que, se réveillant, ils découvrent tristement qu'ils ont été le jouet d'une illusion.

« *Donec discussis redeant erroribus ad se.* »

Voltaire nous raconte qu'il rêva une fois qu'il soupait avec Mr Touron, auteur des paroles et de la musique de quelques couplets qu'il chanta. Voltaire, dans son rêve, tourna également quelques vers qu'il publia :

> « Mon cher Touron, que tu m'enchantes,
> Par la douceur de tes accents.
> Que tes vers sont doux et coulants :
> Tu les fais comme tu les chantes. »

« Au cours d'un autre rêve », ajoute-t-il, « je récitai le premier chant de *La Henriade*, mais autrement qu'il n'était écrit. Hier, je rêvais qu'on débitait des vers à souper. Quelqu'un remarqua qu'il y avait trop d'esprit. Je répliquai que les vers étaient une fête qu'on donnait à l'âme, et que les fêtes exigeaient toujours des ornements. J'ai dit, dans mes rêves, des choses que j'aurais à peine dites éveillé ; je faisais des réflexions dans lesquelles je n'avais aucune part. Je n'exerçais aucune volonté ni ne jouissais d'aucune liberté, et cependant, je combinais des idées avec sagacité, même avec un certain génie. Que suis-je alors, sinon une machine [1] ?

Dans le même ouvrage, Voltaire consigne ce fait important : « Quelque théorie que vous adoptiez, quelques vains efforts que vous fassiez pour prouver que votre mémoire met en mouvement votre cerveau, et que votre cerveau met votre âme en mouvement, vous serez obligé d'admettre que, dans votre sommeil, toutes les idées vous arrivent indépendamment de vous et malgré vous, — que votre volonté y demeure toujours étrangère. Il est certain

---

1. Dictionnaire Philosophique, Somnambuler et songer

alors *que vous pouvez penser sept ou huit heures consécutives sans en éprouver le moindre désir, sans même savoir que vous pensez.* »

Nous avons lu qu'on avait désigné un moine pour composer une épitaphe sur la tombe du vénérable Bède. Très embarrassé pour le choix d'un adjectif applicable à Bède, ce moine s'endormit, et, dans un rêve, dit-on, un ange lui inspira les lignes suivantes :

> « Hacce jacent fossâ
> Bedæ venerabilis ossa. »

On doit à une communication tombée du pays des songes que, depuis la mort de Bède, le qualificatif « vénérable » soit devenu uniformément inséparable de son nom. Voilà la seule explication qui ait jamais été donnée de ce choix.

On trouvera le plus volumineux et, après la Bible, le plus instructif des monuments se rapportant aux mystères du sommeil dans les écrits d'un très illustre Suédois, Emmanuel Swedenborg, et principalement dans les mémoires qu'il écrivit postérieurement à 1747, époque à laquelle, ainsi qu'il l'exprime lui-même, sa vision spirituelle s'ouvrit.

Nous possédons trente-trois gros volumes in-octavo, primitivement écrits en latin, et renfermant presque exclusivement ce que Swedenborg vit ou entendit dans le monde spirituel, soit quand il se trouvait éveillé, soit lorsqu'il était dans un état de conscience pratiquement affranchie du monde phénoménal. Tout en faisant abstraction des doctrines théologiques qui sont développées dans la plupart de ces volumes, on ne saurait assez dire quelle est leur importance touchant ce qu'elles nous enseignent à propos de ce qui se passe dans les périodes de suspension de notre conscience d'être, ni quelle erreur on ferait en méconnaissant la puissance de leurs conclusions sur toutes les théories d'inactivité mentale ou spirituelle survenant pendant cette suspension de la conscience d'être.

Comme il est facile de se procurer, dans la plupart des langues modernes, le recueil de ces révélations, je n'augmenterai pas, en les analysant, l'étendue de cet ouvrage.

CHAPITRE IV

LES PLUS REMARQUABLES CHANGEMENTS QUI S'OPÈ-
RENT AU COURS DU SOMMEIL SONT D'ORDRE
PSYCHIQUE, ET NON PAS PHYSIQUE. — L'ISOLE-
MENT DES CHOSES DE CE MONDE EST ABSOLUMENT
PARFAIT PENDANT LE SOMMEIL. — POURQUOI
LES PERSONNES AGÉES DORMENT MOINS QUE LES
AUTRES. — MYSTÉRIEUX EFFETS DU SOMMEIL
SUR LES EXIGENCES DE NOS APPÉTITS. — NOTRE
ENDURANCE EST PLUS GRANDE PENDANT LE SOM-
MEIL QUE PENDANT LA VEILLE. — LE BESOIN
DE SOMMEIL DIMINUE A MESURE QUE L'ORGANI-
SATION DE NOTRE EXISTENCE DEVIENT PLUS
COMPLEXE. — BUFFON. — ESCULAPE. — LETTRE
DE IAMBLICHUS. — MAHOMET. — RÊVE DE
CICÉRON.

Parmi les changements qui distinguent notre
condition du matin de celle du soir, les plus remarquables ne sont pas physiques, mais psychiques.
Le côté moral de notre être semble avoir été, pour
le moment, en période ascendante. Ayant échappé,
pendant quelques heures, aux préoccupations
personnelles, mesquines et rétrécissant l'esprit,
l'influence du monde sur nos pensées et nos affections ayant momentanément cessé, il semble que

nous ayons joui, durant quelque temps, de la latitude d'apprécier que nous sommes une partie essentielle de la vie universelle, de sentir en nous l'esprit des siècles dont nous sommes un produit, de nous élever de la nature jusqu'au Dieu de la nature, son Auteur, et de regarder l'univers entier comme une manifestation de ce Dieu plutôt que comme un produit de l'ingéniosité et de la prétention humaines. Et tout cela sans avoir à subir l'influence des calculs et des ambitions de notre vie de plein jour.

C'est ainsi que, « pour vaincre le monde », ou tout au moins pour nous aider dans cette lutte, la loi judaïque avait distrait un jour sur sept pour notre réfection spirituelle, et *nous avait enjoint de ne nous livrer à aucune sorte de travail.* Il nous avait été ordonné, dans un semblable dessein, lorsque nous prions, de nous retirer dans notre pièce la plus reculée et d'en fermer la porte, afin de ne pas être troublés, pendant que nous communions avec notre Père dans les cieux, par ce que le monde pouvait penser, dire ou faire pour attirer notre attention. Pendant notre sommeil, ne pouvons-nous pas — ne devons-nous pas être encore plus éloignés du monde qu'en tout autre moment, afin de faciliter une communion directe, prolongée et ininterrompue ? N'est-il pas nécessaire que chacun de nous — ou au moins que cette majeure partie des hommes, qui autrement ne rechercherait jamais cette intime communion avec Dieu — soit soumis à l'action d'une loi qui, pendant une portion de chaque journée, nous réduit à un état tel que rien ne puisse agir pour nous empêcher de consacrer notre attention à ces messagers mystiques continuellement en lutte afin de se faire entendre de nous ?

En règle générale, les changements survenus en nous, pendant que nous dormons, varient selon la somme de sommeil dont nous avons besoin, et cette somme varie elle-même suivant notre âge. Dans notre enfance, il nous faut beaucoup plus de sommeil que dans les périodes les plus avancées de notre vie, et plus nous sommes jeunes, plus le sommeil nous est indispensable. Les tout petits enfants, chez lesquels nous ne découvrons point ou presque pas de traces de sens moral, dorment presque tout le temps. C'est durant cette période, avant que leur raison soit formée et avant qu'ils subissent l'influence du monde et de ses tentations, si nécessaires plus tard à notre développement spirituel — en d'autres termes, avant que ces enfants puissent avec succès faire appel au sens moral — que la semence est déposée par l'amour paternel. Cette semence est destinée à germer en eux et à les protéger contre ces tentations, à l'heure où elles viendront les assaillir. Plus longues sont les heures de sommeil réclamées par un enfant, plus grands sont ses besoins spirituels. Un enfant périra en quelques heures, s'il ne peut dormir plus de temps qu'il n'en faudrait à un adulte.

Les vieillards, dont les attaches avec ce monde, sans être entièrement rompues, vont cependant en s'affaiblissant chaque jour, sacrifient ordinairement moins de temps au sommeil que les gens plus jeunes de n'importe quel âge.

Pourquoi ces différences entre les vieillards, les personnes d'un âge moyen et les enfants ? Elles ne sont pas accidentelles, mais bien uniformes et universelles. Si la fatigue entraîne un besoin de repos, pourquoi l'octogénaire, tremblant de faiblesse, dort-il moins ? Et pourquoi l'enfant, qui ne fait rien pour se fatiguer, et qui, en quelques mois, double son poids par sa débordante abondance de vie, dort-il plusieurs fois autant que ses grands-parents ? Certainement, parce que nous devenons moins actifs et plus contemplatifs dès que nous touchons au déclin de notre existence. Insensiblement, le monde a perdu de ses charmes; ses appâts ne nous tentent plus. L'esprit se nourrit des épreuves spirituelles accumulées pendant une longue vie, moins troublé par les tentations de la terre, de la chair et du démon que durant nos jeunes années. Pour cette raison, il est présumable que les vieillards ont besoin de moins de sommeil, ou se trouvent dans une condition spirituelle telle, qu'ils profitent moins du sommeil, en vue d'un but moral quelconque, que l'adulte vigoureux ou l'enfant vagissant.

Dans son langage inspiré, le poète Waller nous dit :

« La sombre demeure de l'âme, délabrée et menaçant ruine, laisse pénétrer la lumière à travers les fissures ouvertes par le temps. »

En suivant cet ordre d'idées, nous devons nous arrêter pour remarquer que, les uns après les autres, les différents sens qui nous mettent en communication avec le monde visible cessent de rendre leurs services accoutumés à mesure que nous avançons dans l'automne de la vie. « Les yeux, pour employer les expressions de Milton, ont oublié leur faculté de voir »; les oreilles, celle d'entendre; la peau, celle de sentir, et ainsi de suite. Pourquoi cela, sinon parce que les messages que les sens ont pour mission de nous transmettre du monde extérieur nous deviennent moins utiles ou plus pénibles, ou bien encore, parce que l'interruption de ces messages est nécessaire pour faciliter l'œuvre d'éducation pour laquelle les heures de sommeil usuelles à cet âge ne sont plus suffisantes. Chez quelques personnes, les sens s'émoussent plus rapidement que chez d'autres. Cette inégalité de sensibilité ne correspond-elle pas à un état particulier, spirituel ou moral ? Il est clair que cette inégalité est un résultat et non pas une fin ou un but.

Le repos implique l'inactivité, une suspension d'efforts et de vigueur, la substitution de la paresse au travail. Si toutes nos plus nobles facultés se sont reposées pendant la nuit, si elles sont restées inactives, par l'opération de quelle force ou par quel

enchantement, pourquoi donc nous trouvons-nous
si transfigurés le matin ?

L'effet du sommeil sur les exigences de notre
estomac est également mystérieux. Peu de gens
prennent moins de trois repas par jour; cependant,
un homme peut dormir de douze à quinze heures
— on a constaté des cas de sommeil plus persistant
— sans s'éveiller, et, par conséquent, sans absorber
quelque nourriture que ce soit.

Wraxall, dans ses Mémoires, nous apprend que
William Pitt, le plus éminent des ministres de
Georges III, roi d'Angleterre, ayant été troublé
plusieurs jours et nuits par divers incidents politi-
ques pénibles, partit en voiture en compagnie de
Dundas pour passer la nuit à Wimbledon. Le dîner
terminé, le ministre se retira dans sa chambre,
après avoir donné l'ordre à son valet de chambre
de le réveiller le lendemain à sept heures. Pitt venait
à peine de rentrer chez lui que Dundas, comprenant
combien le ministre avait besoin de repos, alla à sa
porte, tourna la clef, qu'il mit dans sa poche, et
ordonna au domestique de ne déranger son maître
sous aucun prétexte, mais de le laisser dormir, au
contraire, aussi longtemps que la nature l'exigerait.
Jusqu'au lendemain quatre heures de l'après-midi,
Pitt ne se réveilla point ni n'appela personne, et,
lorsque Dundas et le valet de chambre pénétrèrent
dans son appartement, ils le trouvèrent encore si
profondément endormi qu'ils durent le secouer

pour lui faire ouvrir les yeux. Il avait dormi sans interruption pendant plus de seize heures.

De tels sommeils prolongés, j'imagine, ne sont point rares, mais on n'en parle pas, de même qu'on ne parle pas des héros antérieurs à Agamemnon, *carent quia vate sacro.*

On raconte que lord Brougham, revenant chez lui après sa défense si brillante et si épuisante de la reine Caroline, se mit au lit et ordonna de ne pas le déranger, quelque longuement qu'il pût dormir. Ses domestiques respectèrent cet ordre, bien que leur étonnement se changeât presque en terreur lorsqu'ils virent le sommeil du jeune avocat se prolonger près de quarante-huit heures. Plus tard, son médecin déclara que ce sommeil lui avait évité une fièvre cérébrale, et bien probablement, sa merveilleuse puissance récupérative seule lui permit de prendre ce remède de la nature à une si haute dose.

Pendant le sommeil, la digestion et les autres fonctions du corps continuent, comme elles ont la coutume de le faire à nos heures de veille. Il résulte de cela qu'il nous faut trois ou quatre fois plus d'aliments pendant notre veille que pendant notre sommeil. Néanmoins — et voici une autre chose surprenante — nous nous réveillons ordinairement le matin sans ressentir ni faim ni abattement, alors que ces deux sensations accompagnent généralement un long jeûne subi en état de veille. Parmi les gens qui sont libres de consulter leurs goûts à propos de leurs heures de repas, le déjeuner du matin est le plus léger de la journée. Comment expliquerons-nous cette étrange différence existant entre les actions diurnes et nocturnes de l'estomac? Ce n'est pas répondre que dire : pendant le jour, nous travaillons, et de là déperdition et appétit. Le même besoin d'alimentation fréquente, pendant le jour, est aussi bien éprouvé par une personne prenant peu ou point d'exercice physique qu'il ne l'est par un maçon ou un scieur de bois. Certainement, le sommeil a produit un état de choses qui entraîne, non seulement une discontinuité de communications avec le monde phénoménal, mais la suspension de quelques-unes de ses plus dures exigences. Il y a également un autre résultat extraordinaire du sommeil qui, autant que je le sache, n'a jamais fait l'objet d'aucune remarque, mais qui justifie, s'il ne les explique, quelques-unes des histoires relatées dans la Bible, et qui sont parmi celles qui mettent à une terrible épreuve notre foi dans la divine origine de ces écrits.

Quand nous sommes couchés dans notre lit ou sur une chaise longue, si nous ne dormons pas, nous ne conserverons pas longtemps la même position, quelque fatigué que nous soyons. A de fréquents intervalles, nous éprouverons le besoin de nous retourner ou de remuer un membre, en d'autres termes d'abandonner une position qui commence à nous paraître douloureuse.

Cependant, si nous nous endormons n'ayant que la terre pour lit et une bûche ou une pierre pour oreiller, nous reposerons plusieurs heures sans faire le moindre mouvement, sauf celui qui est inhérent à la respiration, involontaire celui-là. De même, à notre réveil, nous n'éprouverons de douleur dans aucune partie de notre corps, pas même dans celle qui aura supporté toute la pression de notre poids — pression que nous n'aurions pas voulu endurer cinq minutes à l'état de veille.

D'où provient cette différence ? Il n'existe, dans la condition physique du dormeur, aucun changement qui puisse l'expliquer. Son corps ne pèse pas moins; le sang circule toujours aussi librement dans ses veines, et, généralement, lorsqu'il se réveille, il ne ressent nulle part aucune douleur ou aucun malaise, mais au contraire, il se sent complètement délassé. Quelle est la raison de ce mystérieux changement survenu dans les relations entre les causes et les effets chez un dormeur par rapport à ces mêmes relations chez un homme éveillé ?

On nous apprend que Jacob, fils d'Isaac et petit-fils d'Abraham, se dirigeant vers Padan Aram, en quête d'une épouse, « s'arrêta en un lieu où il s'attarda parce que le soleil s'était couché » (on nous dit même qu'il fut fatigué), « qu'il choisit une pierre pour la placer sous sa tête, et que, s'étant allongé, il s'endormit ». Pendant son sommeil, le jeune homme eut des rêves d'une inimaginable gloire future. Quand il se réveilla, il s'écria : « Sûrement, le Seigneur habite cet endroit, et je l'ignorais; ceci n'est rien moins que la maison de Dieu et la porte des cieux. » Il se leva, prit la pierre qu'il avait placée sous sa tête, la dressa comme un pilier et y versa de l'huile. Il donna à ce lieu le nom de Béthel.

Quel changement le sommeil opéra-t-il en Jacob, durant cette nuit, pour qu'il dressât en forme de monument la pierre qui lui servit d'oreiller, qu'il y versât de l'huile et que, finalement, il en fît la demeure de son Dieu ?

Les annales sacrées donnent de ceci la raison suivante : « Pendant son sommeil, Jacob vit une échelle posée sur la terre, mais dont le haut touchait au ciel, et il aperçut des anges, messagers de Dieu, qui la montaient et la descendaient ; le Seigneur, debout au sommet, promit non seulement à Jacob que sa postérité serait aussi nombreuse que la poussière de la terre, et que, dans cette postérité, toutes les familles seraient bénies », mais il ajouta : « Voici que je suis avec toi, et que je resterai près de toi en quelque endroit que tu ailles, et que je te ramènerai de nouveau dans ce pays ; car je ne t'abandonnerai pas avant d'avoir accompli ce dont je t'ai parlé. »

A mesure que nous descendons l'échelle de la vie organique, la proportion du temps employé à dormir semble s'accroître, jusqu'à ce que nous arrivions à un point où la vie paraît n'être plus qu'un sommeil continuel. « L'huître, affirme Buffon, que l'on dirait dépourvue de tout mouvement extérieur sensible et de tout sens externe, est une créature formée pour toujours dormir. Dans cette même acception, un légume n'est qu'un animal qui dort, et, en général, les fonctions de tout être organisé manquant du pouvoir de locomotion ainsi que de sens, peuvent être comparées aux fonctions d'un animal forcé par la nature à dormir continuellement.

« Chez les animaux, l'état de sommeil n'est point un état accidentel, occasionné par un plus ou moins grand exercice de ses facultés pendant la veille ; il représente, au contraire, une manière d'être essentielle, qui sert de base à toute l'économie animale.

« Nous commençons la vie par le sommeil; le fétus dort presque continuellement, et l'enfant sommeille plus de temps qu'il n'en passe éveillé.

« Le sommeil, qui semble n'être qu'un état purement passif, une sorte de mort, est, au contraire, le premier état d'un animal vivant et le fondement même de l'existence. Il n'est pas une privation, une annihilation; c'est une manière d'être, un genre d'existence aussi réel et plus répandu qu'aucun autre. Nous existons dans cet état avant d'exister dans un autre. Tous les êtres organisés qui ne possèdent pas de sens existent seulement en cet état, tandis qu'il n'en est point qui vivent dans un état de mouvement continuel, et toutes les existences participent plus ou moins de cet état de repos [1].

D'autre part, si nous nous élevons sur l'échelle de la vie organique, nous trouvons une diminution dans le temps consacré au sommeil ; la qualité de la vie montre un accroissement correspondant de complexité et une augmentation correspondante de fonctions, jusqu'à ce que nous touchions à la plus haute des organisations, à notre propre espèce.

A la fin d'une laborieuse journée, si nous jouissons d'une bonne santé, nous éprouvons invariablement une langueur qui nous pousse à prendre une position dans laquelle le poids de notre corps se trouve distribué de manière à nous inviter au sommeil — que, en bonne santé, nous n'attendrons pas longtemps. L'intervalle qui sépare son arrivée du moment où nous nous sommes couchés constitue généralement un plaisir exquis.

Toutes nos impressions de sommeil se forment avant qu'il arrive et dès qu'il commence à nous quitter. Nous nous réjouissons de ce que nous appelons « s'endormir », et nous nous réjouissons aussi de la sensation que nous ressentons après avoir dormi ; mais, durant le sommeil, nous n'avons conscience d'aucune sensation que nous ayons le

1. Discours sur la Nature des Animaux, Œuvres de Buffon. Edition Flourens, vol. II, p. 331.

droit de lui attribuer directement ou indirectement, ou que nos sens puissent reconnaître.

Tandis qu'il nous est agréable de fermer les yeux et de cesser de communiquer avec le monde pendant une fraction de chaque vingt-quatre heures, nous n'avons pas plus de raison pour conclure à ce que nous restons dans un doux état d'inactivité et d'insensibilité, que nous ne sommes en droit d'inférer que le but final de la faim consiste à nous assurer les satisfactions du palais, ou que l'attraction sexuelle n'a d'autre but final que de satisfaire notre sensualité. Car, dans chacun de ces deux cas, les fins à atteindre sont de la nature la plus étendue, et les désirs ne nous sont donnés que comme moyens de ne pas négliger l'accomplissement de ces fins. Ainsi, notre désir diurne de dormir est manifestement destiné à favoriser d'une certaine façon notre accroissement et notre développement, auxquels les heures de veille sont moins propices.

Pourquoi l'Infinie Sagesse aurait-elle assigné à la très considérable portion de notre vie pendant laquelle notre conscience d'être se trouve suspendue par le sommeil, une fonction moins importante qu'à la fonction de la faim ou de la concupiscence ? Pourquoi repousserions-nous la conséquence évidente qu'en cédant au sommeil, nous nous séparons graduellement du monde des sens et, comme ces derniers paraissent se retirer de nous, qu'il surgit en nous quelque chose qui nous procure un plaisir de plus en plus pur et absolu, jusqu'à ce que la conscience de notre vie extérieure et naturelle cesse complètement ?

> « De même que les anges, dans quelques rêves
> [plus brillants,
> Visitent l'âme pendant le sommeil de l'homme
> De même, certaines pensées s'élèvent au-dessus
> de nos thèmes accoutumés.
> Et entrevoient le Paradis. »

Pausanias, dans son historique voyage en Grèce, décrit un temple dédié à Esculape. Dans la cour de ce temple se trouvait la statue d'Oneiros, le dieu des songes, et, près d'elle, celle d'Hypnos — le Sommeil — obligeant un lion à dormir. On avait donné à cette dernière figure, ajoute Pausanias, le nom d'Épidote ou de Donneur [1].

> « Ainsi, il donne le sommeil à ses élus. »

Des écrits de Iamblichus, qui fut à un moment le chef de l'école des Néo-Platoniciens, il appert qu'il y a quinze cents ans, des hommes réfléchis et ne se piquant point de parler sous l'influence de l'inspiration divine, partagèrent l'avis émis ici, à savoir que le sommeil avait une fonction plus haute que celle de réparer simplement une déperdition. Dans une lettre, compilée parmi ses écrits et citée par

---

1. Du mot grec ἐπιδίδωμι, augmenter, engraisser, donner librement, donner de bonne volonté.

R. A. Vaughan, dans ses « *Hours with the Mystics* », Iamblichus dit :

« Il n'est point indigne d'un homme intelligent de croire ce que l'on vous a raconté concernant le caractère sacré du sommeil et la divination par les rêves. Je l'explique ainsi :

« L'âme possède une double existence, l'une inférieure et l'autre plus élevée. Pendant le sommeil, l'âme s'affranchit de la contrainte du corps et entre, comme une personne émancipée, dans sa divine vie d'intelligence, et alors la noble faculté qui perçoit dans le monde spirituel des objets qui sont bien véritablement des objets, se met en mouvement à l'appel de l'âme. Dans ces conditions, quel est celui d'entre nous qui se montrerait surpris de ce que l'esprit, contenant en lui-même les principes de tout ce qui arrive, puisse, dans cet état de libération, discerner l'avenir dans les principes antécédents qui font cet avenir tel qu'il doit être ? *La plus noble partie de l'âme se trouve ainsi unie par abstraction à des êtres plus élevés, et devient une participante de la sagesse et de la prescience des dieux.*

« On a recueilli sur ce fait des exemples nombreux, et dont on a rigoureusement vérifié l'authenticité ; de nouvelles preuves en surgissent également tous les jours. En dormant dans le temple d'Esculape, beaucoup de malades ont reçu en songe, par la condescendance de la divinité, la révélation de leur guérison. Sans un songe, dans lequel Denys indique le moyen de la sauver, l'armée d'Alexandre n'aurait-elle pas péri ? Ne leva-t-on pas le siège d'Aphriditis grâce à un rêve que Jupiter Ammon envoya à Lysandre ? *Lorsque la nuit tombe pour le corps, le jour se lève pour l'âme.* »

La tradition explique de la manière suivante la présence de Mahomet parmi les prophètes : pendant qu'il se livrait à des méditations spirituelles, et qu'il renouvelait de pieux exercices sur le mont Hira, pendant le mois de Ramadan, l'ange Gabriel lui apparut la nuit, *pendant qu'il dormait*, et lui mit sous les yeux un rouleau de soie, lui ordonnant, bien qu'il ne sût pas lire, de réciter les paroles qu'on y avait écrites. C'étaient les suivantes :

« *Lis ! Au nom du Seigneur, qui a créé l'homme d'une goutte de liquide. Lis ! Car le Seigneur est le Très-Haut, celui qui, à l'aide d'une plume, a enseigné à l'homme ce qu'il ignorait. De plus, en vérité, l'homme s'égare dans les sentiers de l'erreur quand il estime qu'il se suffit à lui-même.* »

Cette courte proclamation, faite par l'ange Gabriel à Mahomet pendant son sommeil, mérite d'être considérée comme la pierre angulaire de la plupart des sectes monothéistes existant aujourd'hui sur la terre, — religion que Napoléon Ier, chose bien caractéristique, déclarait supérieure au christianisme, parce qu'elle avait conquis le monde en dix ans, alors que le christianisme en avait mis trois cents à s'établir.

Cicéron nous parle d'un rêve singulièrement prophétique qu'il fit à une des haltes de sa fuite, après son bannissement de Rome. Ce grand orateur est certainement un témoin digne de foi, et son rêve ne peut facilement s'accorder avec la notion populaire de l'inactivité mentale ou morale pendant le sommeil.

Logé dans la villa d'un ami, après une cruelle nuit d'insomnie, il s'endormit d'un profond sommeil aux approches du jour. Vers huit heures du matin, quand il se leva, il raconta le rêve qui l'avait réveillé. « Tandis qu'il lui semblait errer à travers un pays désolé, Caius Marius, ses faisceaux enguirlandés de lauriers, l'accosta et lui demanda la cause de sa tristesse. Quand il eut répondu qu'on l'avait violemment chassé de son pays, Marius le prit par la main, et, l'exhortant au courage, ordonna au plus proche licteur de conduire l'exilé dans son temple, où il se trouverait en sûreté. »

A ces paroles, tous les auditeurs s'écrièrent qu'un retour à Rome, prompt et triomphal, était réservé à Cicéron. Tout cela se réalisa, car son rappel fut décidé dans un temple construit par Marius, et connu pour cette raison sous le nom de temple de Marius, où il arriva que le Sénat se rassembla pour prendre cette délibération.

CHAPITRE V

LES ÉVÉNEMENTS LES PLUS IMPORTANTS DE L'HIS-
TOIRE DE L'HUMANITÉ ONT ÉTÉ ENGENDRÉS
PENDANT LE SOMMEIL. — MÊME ORIGINE POUR
L'ALTRUISME. — EFFETS SPIRITUELS EXTRAOR-
DINAIRES DU SOMMEIL RELATÉS DANS LA BIBLE.

Le dépôt le plus considérable et le plus imposant
de faits nous autorisant à tirer une conclusion de
ce qui peut se passer en nous pendant que nous
dormons, se trouve là où, ordinairement, on serait
le moins tenté de le chercher : dans les Ecritures
sacrées, et ce ne serait certes pas leur place, si le
sommeil était, comme bien des gens le supposent,
une interruption d'activité consacrée au repos et
au délassement.

Que les écrits qu'elles contiennent soient ou
non ce qu'ils ont la prétention d'être — un guide
inspiré d'en haut pour aider l'homme à mener une
sainte existence — il est impossible de concilier
l'importance qu'ils attribuent aux phénomènes du
sommeil avec l'idée qu'il n'est simplement qu'une
façon de nous reposer de la fatigue.

Un examen même rapide de ses pages démon-
trera au lecteur que, dans la Bible, il est rarement

question du sommeil, à moins que le fait ne se rapporte à quelques phénomènes essentiels de l'accroissement ou de la dégénérescence de l'esprit. En lisant les exemples à l'appui de cette assertion, — je vais en citer quelques-uns — je prie le lecteur de remarquer l'incalculable importance des conséquences dont le sommeil est invariablement le prélude.

Dans la Bible, la première allusion au sommeil a trait à un événement dont l'importance peut-être n'a pas son équivalent dans l'histoire de notre race :

« Et le Seigneur voulut qu'un sommeil profond tombât sur l'homme, et celui-ci dormit; alors, Dieu lui enleva une côte et referma la chair, et le Seigneur, de la côte qu'il avait enlevée à l'homme, fit une femme. Et l'homme dit : « Ceci est un os de mes os, et la chair de ma chair ». *C'est pour cela que l'homme quittera son père et sa mère et s'attachera à son épouse, et ils ne feront qu'une seule et même chair [1]. »*

Ce récit entend démontrer que, pendant son sommeil, l'homme fut mis en état d'aimer quelque chose *en dehors* de lui-même ; que notre race reçut sa première leçon d'altruisme ; qu'elle connut sa première victoire sur la tyrannie de l'égoïsme, et que se trouva ainsi établie l'institution du mariage. Ève est le premier amour désintéressé de l'homme — son premier acte d'incontestable charité.

1. Genèse II, 21.

Voilà le but providentiel du mariage.

Qu'on le prenne dans un sens littéral ou symbolique, le passage qui vient d'être cité n'en est pas moins impressionnant et significatif.

Ce fut pendant que le soleil déclinait, et qu'un *profond sommeil s'était emparé d'Abraham*, que le Seigneur le proclama le fondateur des nations, et le chargea d'enseigner au monde païen l'unité de la divinité et les erreurs du polythéisme[1].

Ce fut encore lorsque Jacob alla retrouver son grand-père pour chercher une épouse parmi les filles de son oncle Laban qu'il eut le rêve dont il a déjà été parlé ; qu'il vit des anges monter et redescendre une échelle dont les pieds reposaient sur la terre et dont le sommet touchait au ciel , et qu'il reçut la promesse que sa postérité serait aussi nombreuse que la poussière de la terre, et que, dans elle, toutes les familles du monde seraient bénies.

L'histoire la plus pathétique et la plus dramatique de toute la littérature est bien certainement celle du fils de Jacob, Joseph, et de ses frères, dont tout le merveilleux consiste principalement en rêves.

Le récit d'un *de ces rêves* décida ses frères à le vendre en Egypte. Tandis que, méchamment accusé par la femme de son maître, il subissait un emprisonnement, il interprète exactement les rêves du panetier et du sommelier du roi, prisonniers avec

---

1. Genèse, xv, 12.

lui. Le bruit de ce haut fait se répandit dans le pays, et, lorsqu'un *rêve* vint à son tour troubler le roi Pharaon, celui-ci manda Joseph, et fut si impressionné par son habile interprétation, qu'il l'investit d'un pouvoir égal au sien, le fit son ministre et lui confia le gouvernement de toute la terre d'Egypte. Ainsi, des rêves permirent à Joseph de sauver la vie de ses frères, de préparer les voies pour la fuite des enfants d'Israël loin de la servitude des ténèbres spirituelles de l'Egypte, d'errer pendant quarante ans dans le désert, de pouvoir se préparer une demeure dans un pays abondant en miel et en lait, et de montrer ainsi à la postérité les différentes étapes de la régénération spirituelle de l'homme.

Samuel dormait dans le temple où était déposée l'arche du Seigneur, lorsque Dieu l'appela par son nom. « Samuel ne connaissait pas encore le nom du Seigneur, et même le nom du Seigneur ne lui avait pas encore été révélé. » Le Seigneur l'appela trois fois avant qu'il sût qui l'interpellait, et il ne répondit qu'à l'instigation du grand prêtre : « Parle, car ton serviteur écoute. » Alors le Seigneur dit à Samuel : « Voici que je ferai dans Israël une chose à la suite de laquelle tinteront les oreilles de ceux qui l'entendront. » Lorsque le Seigneur eut fini d'exposer ce qu'il se proposait de faire, on rapporte que « Samuel grandit, et que le Seigneur était avec lui,

1. Samuel, III, 47.

et ne permit plus que Samuel négligeât ce qu'il lui avait dit »[1]. « Et tout Israël, depuis Dan jusqu'à Bersaba, sut que Samuel venait d'être institué prophète du Seigneur »[2].

On attribue au roi Salomon le célèbre 127e psaume, qui contient les lignes suivantes :

« A moins que le Seigneur ne construise la
[maison,
Ceux qui l'édifieront travailleront en vain ;
A moins que le Seigneur ne garde la ville,
Celui qui la gardera veillera en vain.
Il est inutile que vous vous leviez matin et que
[vous vous couchiez tard,
Et que vous mangiez le pain gagné par le tra-
[vail ;
Car il donne ainsi le Sommeil à ses élus. »

Dans les proverbes de ce même roi, le plus illustre pour sa sagesse de tous les rois de la terre, les mots « doux sommeil » représentent un des privilèges de celui qui « ne méprise pas les châtiments du Seigneur » ou qui n'est pas « excédé de ses reproches »[3].

Pendant que Daniel et ses trois compagnons vivaient à la cour de Nabuchodonosor, « Dieu leur donna la science, la sagesse et l'habileté à tout

2. Samuel, III, 20.
3. Proverbes, III, 11.

apprendre, et Daniel acquit l'entendement des visions et des songes ».

Lorsque, deux ans plus tard, ayant eu un rêve qu'il avait oublié, Nabuchodonosor ordonna le massacre de tous ses sages et de tous ses magiciens, parce qu'ils ne purent ni lui rappeler son rêve ni le lui interpréter, Daniel sauva leurs têtes et la sienne en révélant et en interprétant au roi « les visions qui avaient hanté son sommeil ». Le résultat le plus remarquable de ce rêve fut que Nabuchodonosor finit par avouer à Daniel que son Dieu était le Dieu des dieux et le maître des rois ; qu'il confia à Daniel le gouvernement de toute la province de Babylone, et qu'il le désigna comme le premier de tous les sages de Babylone [1].

Ensuite, Nabuchodonosor eut un autre rêve, que Daniel fut appelé à interpréter. Il avait une signification douloureuse : On devait emmener le roi loin des hommes ; il était condamné à habiter au milieu des bêtes des champs, à manger de l'herbe comme les bœufs, et à être mouillé par l'eau du ciel. Sept périodes devaient s'écouler avant qu'il sût que le Très-Haut gouverne le royaume des hommes et qu'il en fait don à qui lui plaît.

« A la fin de ces jours, dit Nabuchodonosor dans sa déclaration officielle de cette épreuve, je levai mes yeux vers le ciel et..... aussitôt mon entende-

---

1. Daniel, 11, 47.

ment me revint ; et, pour la gloire de mon royaume,
je rentrai en possession de ma majesté et de ma
splendeur..., et je fus rétabli sur mon trône, et une
grande puissance rejaillit sur moi. Maintenant,
moi, Nabuchodonosor, je glorifie, j'exalte et je
vénère le Roi des cieux, car toutes ses œuvres sont
vérité et tous ses moyens jugement, et il peut
abaisser ceux qui marchent dans l'orgueil [1].

Le prophète Joel, parlant au nom du Seigneur,
nous donne très distinctement à comprendre que
Dieu verse en nous son esprit au cours des visions
de la nuit. « Il arrivera ensuite que je répandrai
« mon esprit sur toute la chair ; et vos fils et vos
« filles prophétiseront, vos vieillards auront des
« songes, vos jeunes gens apercevront des visions,
« et, en ces jours-là, je répandrai aussi mon esprit
« sur vos serviteurs et sur vos servantes [2]. »

L'ange de Dieu parla à Jacob dans un rêve, disant:
« Maintenant, lève tes yeux et vois que tous les
béliers qui bondissent autour du troupeau sont
tachetés, bigarrés et grisâtres, car je sais que Laban
médite contre toi... Lève-toi, fuis ce pays et retourne
chez tes parents. »

En conséquence, Jacob, accompagné de son épouse
Rachel et de Lia, s'échappa secrètement avec
ses enfants, leurs troupeaux et leurs biens, à l'insu

---

1. Daniel, IV, 5.
2. Joel, II, 28.

de Laban le Syrien. Trois jours plus tard, Laban fut averti pour la première fois de la fuite de Jacob, et, après une poursuite de sept jours, il le rejoignit au mont Gilead.

Pendant ce temps, *Dieu se montra à Laban le Syrien, dans un songe, pendant la nuit*, et lui dit : « Prends garde de parler à Jacob, soit en bien, soit en mal. » Lorsque Laban rencontra Jacob, il le réprimanda de ce qu'il était parti secrètement, et dit : « J'ai le pouvoir de te faire du mal ; mais le Dieu de ton père m'a parlé hier, dans la nuit, disant : « Prends garde de parler à Jacob, soit en bien, soit en mal. »

Ce fut alors, et après ces trois communications d'en haut que Jacob et Laban conclurent leur alliance à Mispah, et qu'ils se séparèrent en paix.

Lorsque la foi de Gédéon dans la promesse que Dieu lui avait faite de l'aider dans une guerre contre les Madianites se trouva confirmée, on nous apprend qu'il arriva la même nuit que le Seigneur lui dit : « Prends le jeune taureau de ton père, même le « second taureau âgé de sept ans, et renverse l'autel « de Baal que ton père possède, et abats la déesse « Ashéra placée près de lui, et, sur le haut de cette « forteresse, élève un autel au Seigneur, ton Dieu, « selon l'usage ordinaire ; prends le second taureau « et offre un holocauste avec le bois de la statue « d'Ashéra que tu auras abattue. »

La même nuit, le Seigneur ordonna à Gédéon
d'aller visiter avec ses serviteurs le camp des Madianites, et, lorsque Gédéon y fut allé, voilà qu'un
homme parla d'un rêve à l'un de ses compagnons
et dit : « J'ai eu un songe, et voilà qu'un gâteau
« d'orge roula dans le camp des Madianites jusqu'à
« une tente, et la heurta si fort qu'elle tomba et fut
« renversée sens dessus dessous. » Et son compagnon,
lui répondant, dit : « Ce n'est une autre chose que
« l'épée de Gédéon, le fils de Joas, un homme
« d'Israël : Dieu a remis entre ses mains Madian
« et tous ses enfants. »

Et, *la même nuit*, Gédéon et ses trois cents hommes attaquèrent les Madianites et les mirent en
fuite.

On remarquera que chacune des opérations
miraculeuses, par lesquelles les ennemis de la véritable Eglise furent vaincus et dispersés eurent
toutes lieu pendant la nuit, et que l'une d'elles —
apparemment la plus importante — fut le résultat
d'un songe.

Elie, fuyant devant les persécutions de Jézabel
et mourant de faim, s'endormit sous un genévrier ;
un ange le toucha et lui dit : « Lève-toi et mange » [1].
« Il se leva et but et mangea ; puis, fortifié par cette
nourriture, il parcourut pendant quarante jours et
quarante nuits le mont Horeb, la montagne de Dieu. »

1. Livre des Rois, xix, 5

Nous lisons dans le livre de Job :

« Ils se plaignent des oppressions de toutes sortes
[dont ils sont victimes;
Ils demandent du secours contre les bras des
[puissants,
Mais personne ne dit : Où est Dieu, mon Auteur,
Qui nous donne des chants dans la nuit,
Qui nous apprend plus de choses qu'aux animaux
[de la terre,
Et qui nous rend plus sages que les oiseaux
[de l'air ? »

« Je bénirai le Seigneur qui m'a conseillé, dit le royal psalmiste ; mes rênes me guident également pendant les heures de nuit [1]. »

« Toi qui as éprouvé mon cœur, toi qui m'as visité *durant la nuit*, toi qui m'as mis à l'épreuve et qui n'a rien trouvé ; je suis résolu à ne pas pécher par ma bouche [2]. »

« Car, pendant le jour, le Seigneur m'accordera sa miséricorde, et, pendant la nuit, son *chant* sera avec moi [3]. »

L'emploi exclusif des heures ordinairement consacrées au sommeil pour annoncer la naissance de notre Sauveur est si digne de remarque, qu'un

1. Psaumes, XVI, 7.
2. Psaumes, XVII, 3.
3. Psaumes, XLII, 8.

chrétien éclairé ne peut lire le récit fait par saint
Mathieu sans sentir que, de même qu'il fut annoncé
à ses parents et à tous les sages de l'Orient partis à
sa recherche, il est annoncé à nous tous dans les
visions de la nuit, « lorsque Dieu répand son esprit
sur la chair ».

Sa naissance fut prédite par un ange du Seigneur
qui apparut à Joseph dans un songe et qui lui dit :
« Joseph, fils de David, ne crains pas de prendre
avec toi Marie, ton épouse, parce qu'elle a conçu
par l'opération du Saint-Esprit. Elle mettra au
monde un Fils, et tu le nommeras Jésus, car c'est
lui qui sauvera les siens de leurs péchés [4]. »

Un ange annonça directement le même événement à Marie ; il ajouta qu'elle serait la mère de
Jésus. Le Magnificat qu'elle chanta aussitôt après
la conception, quand elle rendit visite à Elisabeth,
montre à quel point elle était consciente de « l'étoile
du matin » qui venait de se lever dans son cœur.
D'autre part, Joseph se proposa de la répudier en
secret, parce qu'il ignorait la signification et l'importance de cette nouvelle naissance. C'est pour
cela que, pendant son sommeil, il lui fut envoyé
un ange « pour lui dire de ne pas craindre de prendre
Marie pour épouse », et ainsi Joseph se réveilla de son
sommeil et fit ce que l'ange du Seigneur lui avait
ordonné.

4. saint Mathieu, I, 20

Spirituellement, Marie était préparée à cette nouvelle naissance. Joseph, point. Il jugeait comme jugeait le monde, comme les apôtres étaient jugés par leurs auditeurs, comme saint Paul fut jugé par Festus. Il fallait qu'il apprît dans son sommeil ce que, éveillé et sous des influences terrestres, il n'aurait jamais admis. On présume que le monde n'exerçait pas sur Marie une semblable influence.

Les sages envoyés par Hérode à Bethléem pour rechercher minutieusement l'Enfant Jésus, et pour indiquer, après l'avoir découvert, le lieu où il se trouvait, furent prévenus par un songe de ne pas retourner auprès de ce roi de Judée, et ils rentrèrent par un autre chemin dans leurs pays respectifs.

Dès qu'ils se furent éloignés, un ange du Seigneur apparut de nouveau *en songe* à Joseph, et lui dit : « Lève-toi, prends ta femme et ton jeune enfant, « et fuis en Egypte. »

Après la mort d'Hérode, un ange du Seigneur se montra une fois encore, *en songe*, à Joseph réfugié en Egypte, et lui dit : « Lève-toi, prends ta femme et ton jeune enfant, et va dans le pays d'Israël, car ceux qui recherchent ton fils sont morts. » Cependant, quand Joseph apprit que le fils d'Hérode régnait sur la Judée, il craignit de se rendre dans ce royaume, et, *comme Dieu l'avait mis en garde au moyen d'un songe*, il se retira en Galilée, dans une ville appelée Nazareth.

On doit remarquer ici que tout ce qui a trait à la

naissance et à la protection de l'Enfant Jésus avait été fait en obéissance de suggestions transmises par les anges au cours de visions nocturnes ; mais ni Hérode ni les mages ne reçurent les mêmes suggestions, parce que leurs intérêts dans la naissance de Jésus, quelques grands qu'ils fussent, n'avaient qu'un caractère terrestre.

Lorsque Jésus prit avec lui Pierre, Jacques et Jean et se retira sur la montagne pour prier, deux hommes, Moïse et Elie, apparurent dans toute leur gloire et parlèrent avec lui.

Pierre et ceux qui l'accompagnaient *avaient les yeux lourds de sommeil ; mais, quand ils furent complètement éveillés, ils virent sa splendeur.* Pierre dit alors :

« *Maître, il est heureux que nous soyons ici ; laisse-nous élever trois tabernacles : un pour toi, un pour Moïse et le troisième pour Elie... Il ne savait pas ce qu'il disait.*

« *Et, pendant qu'il parlait ainsi, un nuage survint, qui les enveloppa de ténèbres... et une voix sortit du nuage, disant :* » *Ceci est mon Fils, mon élu ; écoutez-le. Et, lorsque la voix cessa, Jésus se trouva seul* [1]. »

Jusqu'alors, dans l'esprit de Pierre, Jésus, Moïse et Elie étaient sur le même rang et avaient également droit à un tabernacle. Mais, après avoir reçu

---

1. St Luc, IX, 33.

ce message, les yeux de l'apôtre s'ouvrirent et perçurent la différence entre Jésus et ses compagnons et il ne vit plus que Jésus.

Un incident qui n'est pas étranger à notre étude, et qui n'est pas moins remarquable qu'aucun de ceux qui annoncèrent la naissance de notre Sauveur, signalèrent les dernières heures qu'il passa sur la terre.

Pendant que, du haut de son siège, Pilate assistait au procès de Jésus, sa femme lui envoya le message suivant :

« N'aie rien de commun avec ce juste, car, à cause de lui, j'ai souffert aujourd'hui beaucoup de choses en rêve. »

Combien ne serait-il pas intéressant de connaitre la teneur du rêve de cette noble femme au sujet de ce « juste », rejeté hors du sein de son peuple, de ce « juste » qu'elle n'avait probablement jamais vu, et dont elle n'avait jamais entendu parler que par les pharisiens et les prêtres, qui réclamaient sa tête ; de ce « juste », qui appartenait à une race abhorrée par l'aristocratie romaine, et au sujet duquel elle avait été avertie de choses d'une nature assez grave ? Quel était ce rêve qui venait la pousser à interrompre les délibérations du tribunal présidé par son mari et prévenir ce dernier de ne prendre aucune responsabilité dans les actes auxquels les Juifs se livreraient contre leur prisonnier ?

Nous ignorons jusqu'au nom de cette femme, la dernière de son sexe ayant témoigné à Jésus une marque de sympathie qui lui ait survécu ; nous ignorons tout, sauf ce mémorable avis qu'elle fit parvenir à son mari.

Pendant plus de vingt siècles, l'histoire a représenté Cornélie, la mère des Gracques, comme la matrone romaine idéale ; mais celle qui envoya le message à Pilate était bien plus grande que Cornélie.

Si nous continuons l'histoire du plus fameux et du plus important de tous les procès, nous voyons, lorsque les Juifs vociférèrent qu'il valait mieux pardonner Barabbas que Jésus, Pilate demander : « Que ferais-je alors de Jésus, qui se fait appeler Christ ? » Tous répondirent : « Qu'on le crucifie. » Craignant qu'une émeute ne suivit une plus longue résistance aux colères de la foule, Pilate prit de l'eau et se lava les mains devant la multitude, en ajoutant : « Je suis innocent du sang de ce *juste* ; voyez à cela vous-mêmes. »

Cette qualification de Jésus, que la femme de Pilate avait apprise en rêve et qu'elle avait reproduite dans son message, non seulement son mari l'accepte, mais il la proclame du haut de son siège. Nous croyons que c'est la première fois qu'aucun fonctionnaire du gouvernement de Rome a jamais proclamé la vertu de Jésus.

1. Actes des Apôtres, x, 9, 16.

Pendant que, dans Joppé, Pierre attendait son repos, il eut une vision au cours de laquelle il rêva que les cieux s'ouvraient, et qu'un vase plein de toutes les espèces de quadrupèdes, de reptiles et d'oiseaux des airs en descendait. Alors une voix parvint jusqu'à lui, disant : « Lève-toi, Pierre, tue et mange. » Mais Pierre répondit: « Non, Seigneur, car je n'ai jamais rien mangé de commun et d'impur. » Et, la voix retentit une seconde fois: « Ce que Dieu a purifié, tu ne peux le qualifier d'impur [1]. » Tandis que Pierre, très perplexe, méditait sur cette vision arrivèrent les envoyés de Dieu chargés de le conduire à Cornélius, homme pieux et craignant le Seigneur. Pierre les suivit chez Cornélius, qui avait réuni ses amis en Dieu pour apprendre de Pierre tout ce que Dieu lui avait commandé.

Pourquoi Pierre aurait-il eu cette vision, sinon pour être mieux à même de recevoir les instructions qu'il exécuta ensuite, et qu'il n'aurait pas exécutées sans de telles instructions ?

Cornélius appartenait à la race latine ; il n'était point Juif ; de là la leçon que Pierre lui donna et qui avait pour but :

Premièrement, d'enseigner ce à quoi les Juifs ne croyaient pas en principe, et ce dont ils ne se doutaient même pas, à savoir que Dieu ne fait pas de distinction entre les hommes, mais que, « dans toutes les nations, ceux qui le craignent et qui vivent en justes sont accueillis par lui » ;

Secondement, d'enseigner que Dieu avait institué Jésus juge des vivants et des morts, et qu' « en son nom, tous les péchés seraient remis à ceux qui croyaient en lui. »

Comme résultat de ces enseignements, on nous dit que le Saint-Esprit descendit sur tous ceux qui avaient entendu Pierre, et qu'ils furent stupéfiés, parce que le Saint-Esprit se répandit également sur les gentils ; et, lorsque Pierre retourna à Jérusalem, et fut appelé à justifier la façon dont il s'était conduit envers eux en les circoncisant, il expliqua ce qu'il avait fait et comment il avait été amené à agir ainsi. Sur cette explication, « tous gardèrent le silence et glorifièrent Dieu en disant : Alors Dieu a également accordé aux gentils la contrition de leurs péchés. »

Personne ne manquera de voir que le caractère et la portée de ces enseignements sont dignes de leur divine origine, et qu'ils ne peuvent en avoir d'autre. Il est également évident que, pour imprimer ces leçons dans le cœur des enfants des hommes, il fallait que la conscience et les attaches de Pierre avec le monde fussent momentanément suspendues par le sommeil.

L'apôtre Pierre, les fers aux mains, dormait entre deux soldats, lorsqu' « un ange du Seigneur s'approcha de lui, et une lumière brilla à la voûte de la prison ; il secoua Pierre et le réveilla, disant : « Lève-toi vite! » Et les chaînes du prisonnier tombèrent aussitôt. »

Le récit le plus précis et le plus explicite de ce qui, sans aucun doute, mérite d'être considéré comme les fins décisives — vitales — du sommeil, se trouve dans la Bible, au passage où Elie, le plus jeune des consolateurs de Job, le blâme d'avoir osé contester la justice des épreuves qu'il endurait.

« Certainement », avançait Elie, « tu m'as parlé, et j'ai entendu ta voix dire : Je suis pur, sans péché ; « je suis innocent ni ne porte en moi aucune ini- « quité, et cependant , Il invoque des motifs de « plainte contre moi ; Il me compte parmi ses enne- « mis ; Il me met des chaînes aux pieds, et il épie « tous mes chemins. « Je vais te répondre : en ceci, tu n'es pas juste, car Dieu est plus grand que l'homme. Pourquoi luttes-tu contre lui ? Car il ne nous donne aucune explication de ses affaires. Car Dieu parle une fois, deux fois même, bien que l'homme n'y fasse pas attention. *Dans un rêve, dans une vision nocturne, lorsqu'un profond sommeil s'empare de l'homme, au cours de ses assoupissements au lit, il ouvre les oreilles de l'homme, il forme son instruction, et lui montre qu'il peut le priver de ses fins et lui ôter toute fierté ; il préserve son âme de l'abîme et son corps de la mort par le glaive.* »

N'avons-nous pas ici un exposé complet et non équivoque ? Il prouve, premièrement, que le cours de notre croissance et de notre développement spirituels, non seulement n'est pas interrompu pendant le sommeil, mais qu'il est, au contraire, plus actif que d'ordinaire ;

Secondement, que, dans cet état, l'homme est distrait de ses fins pour un but plus élevé que celui qui l'anime durant la veille ;

Troisièmement, que Dieu a choisi le moment de leur sommeil pour ouvrir les oreilles des hommes et former leur instruction, et que, comme les fils d'Israël lors de leur voyage à travers le désert, nous sommes guidés pendant le jour par le nuage de Dieu et, pendant la nuit, par sa lumière. Son nuage, même quand il nous montre la voie que nous devons suivre, ne limite-t-il pas notre horizon pour nous dérober à nos ennemis, tandis qu'au courant de la nuit, sa lumière nous élargit ce même horizon ?

Est-il possible de définir plus explicitement les buts du sommeil, étant donnée la compétence de l'autorité qui les relate ? Comment leur importance pourrait-elle être rendue plus impressionnante ?

Quels événements toute la suite de l'histoire laïque n'a-t-elle pas recueillis, qui présentent une importance, je ne dirai pas plus grave, mais même égale à celle de chacun des faits que j'ai cités, et dans lesquels le sommeil intervient comme un élément nécessaire ?

Certaines personnes affectent de dédaigner les récits de la Bible. Convenons pour un instant qu'elle n'est qu'une œuvre d'imagination, une tradition, un mythe, un simple monument de littérature, pourquoi a-t-on introduit avec tant d'insistance le mécanisme du sommeil dans des occurrences d'une si incomparable importance ? Pourquoi ces diverses communications ou révélations n'ont-elles pas été faites directement, pendant leur veille, aux parties intéressées ? Pourquoi avoir chosi de préférence les heures de sommeil, alors que seule la Divinité pouvait savoir si les communications parvenaient à leur destination, et si l'effet prévu était produit ?

Ne sommes-nous pas forcés de supposer que c'était parce qu'une vérité divine serait accueillie avec plus d'attention, qu'elle était moins exposée, pendant le sommeil que pendant la veille, à rencontrer des obstructions terrestres ?

Si le Seigneur désire s'adresser à nous, nous pouvons être certains qu'il choisira le moment le plus favorable pour fixer notre attention. Comment concevoir, au contraire, qu'Il ait choisi un moment autre que le plus favorable ? Et si, non seulement dans ces deux ou trois cas, mais j'ose le dire, si uniformément dans l'histoire entière de notre race, Il a choisi, pour influencer notre volonté, les heures où notre conscience se trouve suspendue, ne sommes-nous pas logiquement autorisés à présumer que cette suspension quotidienne de notre conscience pendant certaines heures constitue principalement, sinon exclusivement, une partie de son plan, destinée à assurer l'accès de nos âmes, sans porter atteinte à la liberté de notre volonté ?

N'est-ce pas pendant ces heures où notre conscience se trouve suspendue que, dans sa miséricorde et dans son amour inépuisables, Il équilibre
la balance entre le bien et le mal, qui se livrent dans
nos âmes un combat perpétuel — au moins durant
nos heures de veille — comme « les deux espèces
d'individus » dans le sein de Rébecca, et que, de
cette façon, Il défend et protège le pouvoir qui nous
permet de choisir entre le bien et le mal, entre le
juste et l'injuste, entre la vertu et le péché, protection
sans laquelle ne pourrait exister aucune croissance
spirituelle ? Car ce n'est que par le maintien providentiel de l'équilibre entre les forces du bien et du
mal, qui luttent en nous au cours de notre existence,
que nous pouvons, dans toutes les étapes de notre
dégénérescence spirituelle ou morale, conserver le
pouvoir de faire le bien et d'éviter le mal.

Tout chrétien éclairé comprend que nous sommes
créés et placés en ce monde dans le but de contem-
pler une éternité d'existence, durant laquelle nous
devons nous rapprocher constamment et de plus
en plus de l'image de notre Créateur. Est-il raisonnable, ou même croyable, de supposer qu'un tiers,
ou seulement la plus infime portion de notre vie
terrestre doive nécessairement se passer dans un
état ou dans des conditions où nous ne pouvons
d'aucune façon progresser spirituellement ?

Concevoir une telle doctrine, c'est douter des
attributs essentiels de la divinité. « Celui qui ne

croît pas pendant son sommeil », dit un vieux proverbe gaélique, « ne croîtra pas davantage éveillé. »

Les hommes de science sont notoirement agnostiques et matérialistes ; ils passent cependant leur vie à essayer de découvrir les lois de l'univers, qui sont l'expression parfaite de l'ordre divin. Plus nous connaissons de ces lois, plus de respect nous devons professer pour leur Auteur.

CHAPITRE VI

Influence spirituelle du sommeil démontrée par le manque même de sommeil. — Maladies qui en résultent. — Défense d'Haïti par Toussaint Louverture. — Habitudes différentes des animaux domestiques ou des bêtes de proie pendant leur sommeil. — Explication du peu de longévité parmi les sauvages. — Contraste entre les habitudes des serpents venimeux et celles des serpents inoffensifs. — Influence du sommeil dans la charpente des pièces de Shakespeare. — Dr Wilkinson. — Marie Manaceine. — English Bards and Scotch Reviewers, de Byron.

Jusqu'ici, nous avons étudié la fonction du sommeil par ses effets et quelques-unes de ses utilités. Maintenant, poussons un peu plus loin cette étude — jusqu'à l'effet produit par sa privation.

En proie à une fièvre ardente, les malades dorment peu. Avec le temps, ils peuvent même tomber dans le délire. S'ils recouvrent la santé, ils le doivent presque toujours à un sommeil paisible et prolongé plus que de coutume. Dans leurs accès de fièvre ou de délire, leurs pensées et leurs paroles se rapportent presque invariablement au monde dans lequel ils vivent, à ses intérêts ou à ses affaires. Les médecins bien avisés insistent pour qu'on ne réveille jamais — même pour prendre un remède — un malade en traitement. Le sommeil naturel est le symptôme qu'ils accueillent le plus favorablement chez leur patient, et celui de qui ils attendent les meilleurs résultats.

Le fait d'être réveillé d'un sommeil profond produit toujours une sensation désagréable. Elle est capable de nous rendre irritables et insociables. Un tel rappel subit aux soucis terrestres provoque un sentiment de mécontentement, ainsi qu'il arrive ordinairement pour tous les changements intempestifs de condition ou pour les interruptions désagréables. Ce n'est pas non plus sans raison que, quelque temps après leur sommeil, les adultes préfèrent assez généralement demeurer seuls, tandis que nous trouvons rarement des amis de personnes accablées par les préoccupations terrestres qui ne soient heureux de les laisser seules pendant quelque temps après leur réveil.

Je n'ai jamais eu sous les yeux d'exposé plus compact et plus instructif. à propos de tous les maux physiques consécutifs à la privation de sommeil, que l'ouvrage intitulé *Diseases of modern Life*. Son auteur, Benjamin Word Richardson, a été pendant plusieurs années, et jusqu'à sa mort, relativement récente, l'un des membres distingués

du *Royal College of Physicians* de Londres. Dans
le XVIIIe chapitre de ce travail, traitant de la maladie résultant des veilles et du sommeil interrompu,
il dit :

« Quoiqu'il soit impossible de définir par un mot
toute maladie causée par un sommeil irrégulier ou
par des habitudes de coucher tardif, il existe certains malaises, résultant de ces habitudes, qui
influencent le cours de notre santé et qui, maté-
riellement hâtent notre fin.

» Si, pendant sa prime jeunesse, un homme
enfreint la règle de la nature, et, par un violent et
persistant effort de volonté, s'accoutume à un repos
court et troublé, les signes de souffrance que le
corps non délassé ressentira d'abord se modifieront,
et il n'aura besoin que d'heures de sommeil extrê-
mement courtes.

« Avec le temps, l'insomnie acquise par l'usage
devient une habitude dont on ne peut se débarrasser
aisément, lorsque le corps est arrivé à sa pleine
maturité, et qu'un plus long repos produit par le
sommeil nous est nécessaire. A ce moment, la mauvaise habitude se répercute sur l'existence, *et il
n'est pas pour le médecin de catégorie de malades
plus difficile à soigner, même pour des troubles fonc-
tionnels, que celle des noctambules invétérés.* Le
patient manifeste une angoisse inquiète, une irritabilité et une faiblesse nerveuse qu'aucune aide
artificielle ne peut entièrement dompter.

« Chez les adolescents même naturellement sains et solidement charpentés, le manque de sommeil est une source constante d'épuisement du corps et de l'esprit. Il entraîne de la pâleur, de la débilité, un état perpétuel d'agitation et de l'irritabilité. Il entrave cette croissance naturelle et cette nutrition du corps auxquelles un profond sommeil coopère si efficacement, et il rend indûment pénibles et laborieux les travaux et les plaisirs de la journée.

« Ces remarques s'appliquent indifféremment aux personnes des deux sexes, mais plus spécialement aux jeunes filles. Il faut attribuer la pauvreté du sang, la faiblesse et l'excitabilité hystérique, caractéristiques de la jeune femme moderne, ni bien ni mal portante, à sa mauvaise habitude de ne prendre qu'une somme insuffisante de repos à des heures irrégulières.

« La faiblesse, échue en partage aux personnes robustes qui, dans leur jeunesse, se privent elles-mêmes — ou sont privées par les circonstances — de leur somme normale de sommeil pris en temps opportun, se trouve considérablement accrue et devient autrement grave quand elle s'abat sur ceux qui, par hérédité, sont prédisposés à une maladie aiguë amaigrissante — à la consomption pulmonaire, pour ne citer que l'exemple le plus familier.

« De son adolescence jusqu'à la fin de la période où le corps atteint sa pleine maturité, et lorsqu'il n'est pas encore arrivé au déclin de sa vie, l'homme

fort peut résister au sommeil pendant longtemps.
Il est apte, en conséquence, à empiéter sur les
libertés qu'il s'aventure à prendre sur la nature, et
lorsqu'il s'arroge cette liberté, il se félicite peut-
être de l'impunité avec laquelle il peut violer la loi
naturelle. Mais l'illusion n'est pas de longue durée.
Dès qu'approche le milieu de la seconde étape de la
vie, le sommeil exige qu'on lui consacre un temps
plus long, et il peut s'estimer heureux celui qui,
à l'heure de la crise, pourra appeler à la rescousse
l'ami qu'il a déserté.

« Si, à l'âge mûr, on conserve encore l'habitude
de ne prendre que peu de sommeil ou d'une façon
irrégulière, toutes les formes latentes de maladie,
toutes les sources de dépression s'accélèrent ou
s'aggravent. L'épuisement produit par l'insomnie
s'allie avec toutes les autres causes de dépérissement,
ou se tue imperceptiblement par l'arrivée d'une
vieillesse précoce, qui elle-même conduit rapidement à une dissolution prématurée.

« Quelquefois, l'effet d'un sommeil insuffisant
ou pris à des heures irrégulières se développe d'une
autre façon.

« Le cœur accuse l'épuisement résultant de veilles
prolongées. Ses battements deviennent intermit-
tents, et tous les maux consécutifs à cette irrégula-
rité entrent en action. Cet état de choses se produit
très rapidement chez les personnes qui, renonçant
à leur repos naturel, travaillent à des heures indues.

Les reporters et les journalistes s'en ressentent très vite : il leur est impossible de se livrer à leurs occupations, avant même qu'ils aient complètement conscience de leur incapacité. Ils éprouvent parfois d'étranges syncopes ou des sensations de froid qui les envahissent, comme s'ils étaient subitement enveloppés d'obscurité ou de brouillard ; mais, grâce à une application exaspérée à leur travail, ils parviennent à repousser ces sensations, jusqu'au moment où elles reviennent avec une telle fréquence, qu'ils ne peuvent plus les chasser. Ils découvrent alors qu'ils sont atteints d'anémie cérébrale ou de troubles circulatoires.

« On remarque parfois un autre effet, et c'est le plus angoissant de tous : l'insomnie acquise par l'habitude engendre l'insomnie. On arrive ainsi aux limites extrêmes de l'insomnie, et l'esprit, ne connaissant plus de repos, ni le jour ni la nuit, perd très vite son équilibre. La seule idée que, dans quelque circonstance que ce soit, le sommeil ne nous visitera pas à moins que quelque puissant narcotique ne l'y incite, suffit seule à l'éloigner de nous, et, à mesure que l'effroi de l'insomnie augmente, toutes les pensées morbides se succèdent rapidement les unes aux autres. Des monomanies hypocondriaques s'emparent du patient ; il s'imagine que les accidents les plus improbables vont lui arriver ; il est constamment agité ; il mange ses ongles jusqu'à la chair ou meut ses jambes d'une singulière façon ; il tambourine sur la table ou gesticule avec exagération. Un homme placé dans ces conditions s'avance ordinairement d'un pas précipité vers la folie — et, trop souvent, vers le suicide...

« J'ai dit que ceux qui dorment diversement et irrégulièrement sont plus aisément touchés par les causes directes de maladie, et se montrent plus récalcitrants aux moyens de guérison. Il faut ajouter à ceci le fait également important que les patients habitués à dormir régulièrement et longuement reviennent vite à la santé.

« L'observation de cette vérité conduit Ménandre à enseigner que le *sommeil est le remède naturel à toutes les maladies.* C'est exact. *Le sommeil diminue la fièvre, active la nutrition, accroît l'élimination, calme les douleurs et favorise la guérison des plaies.* Quiconque découvrira le premier la cause encore secrète du sommeil naturel et *le mode suivant lequel l'art pourra le provoquer pour le plus grand bien de l'humanité, sera le plus grand guérisseur qui, jusqu'à ce jour, aura aidé la médecine à devenir immortelle.* »

Le temps pendant lequel un homme peut, sans dormir, conserver ses facultés mentales, varie selon sa constitution; mais l'inéluctable résultat apparaît, avant peu de jours, sous la forme du délire.

Les Chinois punissent une certaine catégorie de crimes flagrants par un chatouillement incessant infligé au criminel, dans l'intention de l'empêcher de dormir, et ce châtiment est celui qui les effraie le plus. Les historiens rapportent que Persée, dernier roi de l'ancienne Macédoine, fut mis à mort de cette façon par ses gardiens, pendant sa captivité à Rome. Ils ne lui permirent pas de fermer l'œil.

Lorsque Napoléon Ier tenta la conquête d'Haïti, Toussaint Louverture, qui commandait les troupes haïtiennes, ne voulut pas s'aventurer à livrer une bataille rangée aux vétérans de l'empereur. Il eut recours à une stratégie moins dangereuse et plus efficace. Dès que les troupes françaises se disposaient à se livrer la nuit au sommeil, Toussaint simulait une attaque et les obligeait à se lever et à prendre les armes. Il répéta cette tactique aussi fréquemment qu'efficacement, afin de les empêcher de réparer leurs forces, de telle sorte qu'en quelques semaines, et grâce à une maladie produite principalement, sinon entièrement, par le manque de sommeil, une armée de 30.000 vétérans se trouva réduite, sans aucun engagement avec l'ennemi à à un effectif d'environ 5.000 hommes.

On prétend que les insurgés de Cuba usèrent, dans leur dernière guerre pour l'indépendance de leur pays, de la ruse pratiquée par le grand patriote haïtien.

N'est-il pas évident que, durant le sommeil il se passe quelque chose qui prévient la démence; qu'un certain changement arrive, qui ne se produit point tant que le sujet n'échappe pas à la servitude du monde terrestre et ne devient pas accessible ; qu e certaines influences s'exercent, qui ne se manifesteraient pas pendant cet état de servitude — et que ces influences sont calmantes, civilisantes qu'elles mettent de l'harmonie dans l'économie humaine ; qu'elles développent des sentiments de fraternité, et qu'enfin elles élèvent l'âme ?

Les bêtes de proie, en général, cherchent leur nourriture la nuit et se reposent le jour. Elles diffèrent en cela de tous les animaux domptés ou domestiques. On remarque également qu'elles ne vivent que de la chair des autres animaux : c'est pour cela qu'elles sont toujours en guerre avec tout le règne animal, et qu'elles n'épargnent pas toujours leur propre progéniture. Comme les individus appartenant aux classes dangereuses de la société, elles se prévalent des ténèbres pour mieux dissimuler leurs projets et avoir une meilleure occasion de trouver leur proie endormie ou sans méfiance.

Pour dompter ou domestiquer un animal sauvage, il faut commencer par gagner sa confiance en le protégeant contre ses propres congénères, et en l'habituant à dormir sans crainte.

D'autre part, l'animal domestique devient vite sauvage et dangereux, si on le trouble dans son sommeil ; les vaches ne donnent plus leur contingent de lait, les poules ne pondent plus, les moutons n'engraissent plus.

Les animaux sauvages sont toujours maigres,

ou plutôt ne sont jamais gras : cela est dû sans doute, en partie, sinon en totalité, à leur nourriture précaire, qui les oblige à une alerte perpétuelle, aussi bien de jour que de nuit.

Les tribus sauvages, qui, pour la plupart, ne vivent que de rapines, sont trop exposées à des surprises pour prendre un sommeil long ou régulier ; elles se nourrissent comme elles dorment, quand elles le peuvent, mais sans périodicité ou sans régularité. Ceci suffit à expliquer, non seulement pourquoi elles sont sauvages, mais aussi pourquoi leur longévité moyenne est inférieure à celle des peuples civilisés. Dès qu'elles sortent de leur état sauvage, elles commencent à s'organiser en sociétés de mutuelle protection, à s'entr'aider et à créer des privilèges sociaux, parmi lesquels il faut compter, en première ligne, un sommeil régulier et abondant. C'est la « colonne de feu pendant la nuit » qui les conduit d'une vie d'égoïsme barbare vers une existence plus haute de mutuelle indulgence et de fraternité. Le bâton du sergent de ville est le symbole officiel de la civilisation ; car, pendant les heures où l'obscurité donne une partielle impunité au crime, nous devons notre sommeil ininterrompu aux forces que cette civilisation organise pour la défense de l'ordre.

Le serpent venimeux, qui représente, lui aussi, le symbole de ce qui est le plus détesté et le plus détestable dans le règne animal ne ferme, jamais

les yeux. Ses prunelles sont couvertes d'une sorte
d'écaille aussi transparente que du verre, qui lui
permet de voir, et qui est assez résistante pour
protéger ses yeux contre les accidents ordinaires
inhérents à la vie des serpents. Tandis que les animaux à sang chaud abaissent leurs paupières pour
se préserver de la lumière pendant leur sommeil
et dilatent ou détendent leurs pupilles, il en est
tout autrement chez le serpent; — sa pupille se
contracte au soleil comme celle d'un chat. Il existe
un fait curieusement suggestif et, je crois, parfaitement démontré : c'est que les serpents les plus
dangereux, les vipères et les boas, possèdent des
yeux de chat et chassent leur proie la nuit. A moins
d'être altérés, ils rampent rarement pendant le
jour. Les couleuvres, reptiles communs et inoffensifs, d'autre part, ont des pupilles rondes, dorment la
nuit et ne déploient leur activité qu'au grand jour.

Le professeur W. E. Leonard, de Mineapolis, a
donné un compte rendu fort intéressant des effets
pathogénétiques de ce que l'on appelle *lachesis* en
langage médical. Feu le Dr Herring, de Philadelphie,
et sa courageuse épouse en sont les héros. On
appelle vulgairement lachesis un serpent au venin
mortel, désigné par Linné sous le nom de *Trigo-
nocephalus lachesis*, tant à cause de sa tête découpée
en fer de lance qu'en souvenir de l'une des Parques
grecques, et cela à cause de l'effet rapide et fatal
de sa morsure.

Le récit de l'héroïsme déployé pour obtenir la première et, je crois, jusqu'à ce jour, l'unique quantité de ce venin est particulièrement émouvant, tel que l'a raconté M. Herring lui-même, dans une de ses causeries du samedi soir à un groupe d'étudiants, et tel aussi que l'a rapporté le professeur Léonard, qui se trouvait dans l'auditoire.

« Ayant alors l'âge de 35 ans, le Dr Herring, en compagnie de sa femme, dirigeait des recherches botaniques et zoologiques. Ils habitèrent momentanément une petite cabane sur la lisière des forêts tropicales du Haut-Amazone. Les indigènes qui l'assistaient lui avaient parlé souvent de ce serpent venimeux ; Herring leur offrit une généreuse récompense pour la capture d'un spécimen vivant. Un jour, on apporta dans sa chambre une boîte en bambou. Aussitôt, à son grand étonnement, non seulement ceux qui avaient capturé le serpent, mais tous ses domestiques indigènes s'enfuirent précipitamment. Leur maître et sa femme leur paraissaient irrémédiablement perdus, s'ils se proposaient de toucher d'une façon quelconque à un *churukuku*, nom que les naturels donnent à ce reptile. Herring dut se procurer seul, avec l'aide de sa femme, et au risque de sa vie, le venin de la bête. Il y parvint en assénant au serpent un coup violent sur la tête, dès que la boîte fut ouverte ; puis, maintenant cette tête entre les dents d'une petite fourche, il recueillit le poison en pressant la vésicule qui le contenait sur du sucre de lait.

« La manipulation et la trituration du virus, jointe à la crainte et à l'excitation naturelles produites par cette aventure, jetèrent, cette nuit-là, le docteur dans un accès de fièvre, accompagné de délire, de secousses nerveuse et de folie. Sa fidèle épouse le veilla avec sollicitude, seule au milieu de la forêt et éloignée de tout être humain ; elle n'osait pas songer à l'issue probable de cette lutte contre un si redoutable poison dont elle ne connaissait pas l'antidote. Vers le matin, le docteur s'endormit ; puis il se réveilla son horizon mental éclairci après cette fugitive tempête.

« Avant que leurs auxiliaires indigènes fussent revenus un à un, d'un air penaud, dans le camp, où ils craignaient de ne plus retrouver que des cadavres, le couple enthousiaste avait préparé tout le lachesis aujourd'hui employé par notre profession, et avait commencé la pathogénie exacte d'un de nos grands remèdes [1]. »

Herring, dans sa *Condensed Materia Medica*, compte *l'insomnie persistante*, *l'agitation permanente des enfants* et *les gémissements poussés pendant le sommeil* parmi les symptômes pathogénétiques pour lesquels le lachesis est un spécifique, d'après le principe homéopathique en vertu duquel le poil du chien qui a mordu guérit la plaie, ou *similia similibus curentur*.

1. Homeopathic Physician January 1896.

Dans le même numéro de l'*Homeopathic Physician*, on lit à la page éditoriale :

« *LACHESIS.* — Le malade est tiré de son sommeil par une aggravation de son état. Le malade qui a pris du lachesis dort malgré cette aggravation. Le sommeil aggrave tous les symptômes du lachesis. Telle est la dominante du D' Guernsey pour le lachesis.

« L'éditeur soignait une fois un jeune enfant secoué de tremblements chaque fois qu'il était sur le point de s'endormir. On avait administré sans résultat plusieurs remèdes. Le docteur résolut de surveiller le malade et de découvrir, si possible, l'indication exacte du remède. On remarqua que l'enfant, excessivement désireux de reposer, finissait par s'endormir; qu'il restait dans cet état environ vingt secondes, puis, qu'il était saisi d'une sorte de convulsion générale qui le réveillait au milieu de pleurs et de sanglots. Il se rendormait de nouveau pour se réveiller encore, et cela durait ainsi tout le jour et toute la nuit. Alors, on donna du lachesis au malade : une heure après, tous les symptômes avaient cessé ; l'enfant dormit tranquillement toute la nuit, et jamais plus ces troubles ne se renouvelèrent. »

J'indique le venin du lachesis comme un agent curatif, parce qu'il est, je crois, l'exemple rare sinon unique, de venin mortel de serpent auquel on ait goûté, dont on ait soigneusement noté les

effets sur la nature humaine, et qu'un homme du
métier, éminemment qualifié pour cela, ait classé.
On observera que l'effet le plus remarquable de ce
poison est l'hostilité au sommeil, et, quand le sommeil survient, il aggrave tous les autres symptômes, comme s'ils étaient d'irréconciliables ennemis.
Ce poison remporte ses victoires sur ses victimes
plus rapidement que la simple insomnie, provoquée
par beaucoup d'autres causes, n'est censée le faire;
mais, dans les deux cas, la privation de sommeil
paraît être le seul symptôme sans le concours duquel
aucun des autres ne serait nécessairement fatal.

Si nous songeons qu'à toutes les époques, le
serpent a personnifié ce qui était le plus fatal à la
paix de l'homme ; que, le premier, il a apporté au
monde la tentation et la désobéissance ; que, chez
les Grecs, la tête de Méduse, avec sa chevelure de
reptiles, était le symbole de l'influence anesthésiante
du vice ; que le caducée de Mercure se composait
d'un bâton auquel on avait cloué deux serpents
luttant ensemble, et que Mercure lui-même avait
commencé sa carrière de divinité en volant les
bœufs d'Apollon ; si nous songeons que le serpent
est presque universellement vénéré parmi les sauvages, qui, craignant sa puissance et sa ruse, tâchent
de se le rendre favorable en lui rendant les honneurs
divins ; — d'autre part, s'il est vrai, — comme
tout nous porte à le présumer — « qu'une raison
plus parfaite que la raison, et influencée par ses

propres préférences, travaille en nous pendant que
nous dormons ; si, comme l'affirmait le philosophe
païen, il est vrai que, « lorsque la nuit tombe pour
le corps, le jour se lève pour l'âme » ; s'il est vrai
que notre Père qui est aux cieux donne le sommeil
à ses élus, combien il est naturel d'associer l'un à
l'autre la morsure mortelle du serpent, si fatale au
sommeil et à la vie, avec la terrible malédiction
lancée contre le premier des reptiles dont nous ayons
souvenance, et par la ruse duquel la tentation et
le péché ont fait leur apparition en ce monde. Peut-
être est-ce pour cela que, dans la Bible, le serpent
personnifie toutes les formes de tentations du péché
et du mal, et, est-ce pour cette raison que sont
forgées, au cours de notre sommeil, les armes qui
nous permettront de lutter victorieusement contre
elles.

Shakespeare, aussi supérieur comme poète que
comme philosophe profond, prête à César ces
paroles :

» Je ne veux auprès de moi que des hommes gras,
Des hommes aux cheveux lisses et capables de
dormir la nuit.
Ce Cassius a un aspect efflanqué et famélique ;
... mais je ne le crains pas.
Cependant, si j'étais accessible à la crainte,
Je ne sais pas quel homme j'éviterais
Davantage que ce chétif Cassius.
Il sourit rarement, et il sourit de telle sorte,

Qu'il semble se moquer de lui-même et railler son
[esprit,
Qui peut se laisser aller à rire de n'importe quoi.
De tels personnages ne se sentent jamais le cœur
[à l'aise,
Quand ils contemplent un autre homme plus
[grand qu'eux,
Et c'est ce qui les rend vraiment dangereux. »

Les ennemis de César choisirent Brutus pour
chef de la conspiration ourdie contre l'Imperator,
parce que, ainsi que le dit Cassius lui-même :

« Il siège haut dans le cœur des hommes ;
Et ce qui, chez nous, semblerait offensant,
Son attitude, telle une précieuse alchimie,
Se change en mérite et en force morale. »

Après avoir appelé plusieurs fois inutilement son
serviteur — il est minuit passé et cet homme dort
— Brutus s'écrie :

« Je voudrais avoir commis la faute de dormir
si profondément. »

Dans la même scène, Brutus surprend encore
Lucius endormi ; il l'appelle de nouveau :

» Holà ! Lucius ! — Tu dors profondément ? Peu
[importe !
Goûte la lourde rosée mielleuse du sommeil ;
Tu n'as ni calculs ni caprices,
Dont le souci affairé travaille la cervelle des hom-
[mes ;
Voilà pourquoi tu dors à poings fermés. »

Quand Lucius est parti et qu'il laisse Brutus seul,
celui-ci dit :

« Depuis que Cassius m'a excité contre César,
Je n'ai plus dormi....
Entre l'exécution d'une chose épouvantable
Et le premier mouvement qui nous y porte, tout
                              [l'intervalle est
Comme une fantasmagorie ou un rêve hideux :
Le Génie du bien et les armes qui tuent
Entrent en lutte, et l'esprit de l'homme,
Semblable à un royaume en miniature, subit alors
Une sorte d'insurrection. »

La persistance avec laquelle Shakespeare parle
des insomnies de Brutus, dès qu'il commence à
deviner que les libertés de Rome dépendent de la
mort immédiate de César, est une des merveilles
de sa merveilleuse pièce. Plus loin, lorsque Cassius s'excuse d'entrer et de troubler le sommeil de
Brutus, ce dernier réplique qu'il est resté éveillé
toute la nuit. Dans la même scène, Portia, sa femme,
vient lui faire des remontrances :

» *Brutus.* — Portia, que veux-tu dire... mainte-
                              [nant ?
Il n'est pas bon pour ta santé d'exposer ainsi
Ta faible personne à la bise aigre du matin.

Portia. — Ni pour la tienne. Peu aimablement,
                              [Brutus,
Tu t'es échappé de mon lit ; et, hier soir, à dîner,

Tu t'es dressé subitement, et tu t'es promené de
                       [long en large,
Rêvant et soupirant les bras croisés ;
Et, lorsque je t'ai demandé ce dont il s'agissait,
Tu m'as regardée d'un œil mauvais ;
Mais, en m'écartant de la main, tu m'as
Fait signe de te laisser seul : je t'ai obéi,
Craignant d'augmenter ton impatience,
Qui semblait déjà trop enflammée... Mon cher
                       [Seigneur,
Dis-moi la cause de ton chagrin.

Brutus. — Je ne me sens pas bien, voilà tout.

Portia. — Brutus est avisé, et, lorsqu'il n'est pas
                       [en bonne santé,
Il saisit tous les moyens pour y revenir.

Brutus. — Ainsi fais-je. — Bonne Portia, retourne
                       [à ton lit.

Portia. — Brutus est-il malade ?

Et se glissera-t-il hors de sa couche bien saine...
Et permettra-t-il que l'air humide et insalubre
Aggrave sa maladie ? Non, mon Brutus ;
Tu nourris dans ton esprit quelque grief...
Que, par le droit et la qualité de mon rang,
Je dois connaître ; et, à deux genoux,
Je te conjure, au nom de ma beauté autrefois
                       [vantée,
Au nom de tous tes serments d'amour, et de ce
                     serment plus grand encore

Qui nous a liés l'un à l'autre et n'a fait de nous
[qu'un seul être,
De t'ouvrir à moi, à moi, ta moitié,
Parce que tu es triste. Qu'avaient, ce soir, des
[hommes
A se presser autour de toi — car j'en ai vu ici
Six ou sept, qui dissimulaient leurs visages
Même au plus profond des ténèbres. »

Je suis loin d'avoir épuisé tout ce que Shakespeare nous enseigne sur le sommeil ou sur l'insomnie.
On étudie toujours avec profit tout ce qui peut arrêter un esprit semblable à celui de Shakespeare, et
l'importance qu'il donne dans ses pièces à ces deux
états fortifie la croyance que peu de phénomènes
dépendant du sommeil ou de l'insomnie échap-
paient à l'incomparable puissance de son observation. Toute personne familiarisée avec son théâtre
ne pourra considérer le sommeil comme une des conditions de l'existence, sans se rappeler l'émouvant
monologue de Henri IV :

« Combien de milliers de mes pauvres sujets
Dorment à cette heure ! O Sommeil, ô doux Som-
[meil.
Tendre nourrice de la nature, t'ai-je donc effrayé,
Que tu ne veux plus venir peser sur mes paupières,
Ni plonger mes sens dans l'oubli ?
Pourquoi, Sommeil, visites-tu plutôt les chau-
[mières enfumées,
T'étends-tu sur de dures paillasses,

Et préfères-tu le bercement des papillons de nuit
Aux chambres parfumées des puissants,
Ornées de coûteux baldaquins
Où tu reposerais aux sons de suaves mélodies ?
O toi, divinité stupide, pourquoi séjournes-tu
       [chez les vilains
Sur des grabats malsains, et laisses-tu la couche
         [royale
Vide comme un boîtier de montre ou de cloche
        [d'alarme ?
Quoi ! Tu vas fermer les yeux du mousse
Sur la cime agitée et périlleuse du mât,
Et tu le berces sur la couche de la tempête impé-
         [tueuse,
Au milieu des vents qui saisissent par le sommet
Les vagues scélérates, qui hérissent leurs têtes
        [monstrueuses
Et les suspendent aux mobiles nuages
Avec des clameurs si assourdissantes, qu'à ce
         [tapage,
La mort elle-même se réveille. O injuste Sommeil
Peux-tu, dans ces heures terribles, accorder le
repos
Au mousse aspergé par les flots, tandis qu'au sein
De la nuit la plus calme et la plus paisible,
Sollicité par tous les moyens et toutes les séduc-
       [tions imaginables,
Tu te refuses à un roi ! Couchez-vous donc tran-
        [quillement,

Heureux vilains. La tête qui porte une couronne
Ne repose jamais avec calme. »

La reine Marguerite lance ainsi sa malédiction à
l'infâme Gloster :

« Que le sommeil ne ferme jamais tes paupières,
A moins que ce ne soit pour qu'un rêve doulou-
[reux
Vienne t'effrayer à l'aide d'un enfer peuplé de
[démons ! »

Lady Percy dit à Hotspur :

« Pourquoi tes joues ont-elles perdu leur teinte
[rosée,
Et pourquoi as-tu donné mes trésors et mes droits
[sur toi
A la rêverie sombre et à la maudite mélancolie ?...
Dis-moi, doux Seigneur, ce qui t'a enlevé
Ton appétit, ton plaisir et ton *sommeil d'or.* »

L'abbesse dit à Adrienne, dans « La Comédie des
Erreurs » :

« Les cris venimeux d'une femme jalouse
Empoisonnent plus sûrement que la dent du
[chien enragé.
Il me semble que tes injures l'ont empêché de
[dormir.

. . . .

Le trouble apporté dans leur repos vivifiant, dans
leurs repas ou dans leur plaisir rendrait fous ou
l'homme ou l'animal. »

Shakespeare, avec un art exquis, fait s'étendre longuement Macbeth, après le meurtre de Duncan, sur la béatitude du « sommeil innocent », alors qu'il a perdu pour toujours la possibilité d'y goûter lui-même :

« Je croyais entendre une voix qui criait : « Ne
[dormez plus !
Macbeth, le sommeil est tué, le sommeil innocent.
[qui démêle
L'écheveau embrouillé des soucis ; le sommeil qui
[est la mort
De chaque jour, le bain du labeur pénible, le baume
[des esprits blessés,
Le second service de la grande nature, le mets
[principal du banquet de la vie. »

Plus loin, nous lisons dans la même pièce :

« . . . . Avec le Très-Haut,
Pour approuver l'ouvrage, nous pourrons encore
Donner des mets à notre table, du sommeil à nos
[nuits, »

Après avoir infiltré son venin au cœur jaloux d'Othello, Iago dit :

« Ni le pavot, ni la mandragore, ni tous les breu-
[vages soporifiques
Du monde ne te rendront ce doux sommeil
Que tu aurais dû prendre hier. »

Dans Macbeth, la sorcière, après avoir énuméré toutes les calamités qui attendent le Marin, ajoute :

« Le sommeil ne pèsera plus sur ses yeux,
Ni nuit ni jour ; il mènera la vie d'un homme
[maudit. »

J'imagine qu'il est moins répréhensible qu'on ne le suppose communément de dormir dans un temple Dans la maison de Dieu, les fidèles sont — ou devraient être portés, comme dans le sommeil, à se séparer du monde. De même que notre volonté se repose pendant le sommeil, nos dévotions doivent être pures, exemptes de préoccupations personnelles, mondaines ou égoïstes.

Il n'est pas rare de voir, pris de somnolence à l'église, peu après le commencement de l'office divin, ceux qui n'ont pas l'habitude ou le désir de dormir pendant les matinées des jours de semaine; ils ne peuvent retirer aucune édification du service religieux auquel ils assistent, si, pendant quelques secondes, ils ne se sont préalablement perdus dans une inconscience absolue. Cela fait, ils n'éprouvent aucune difficulté ; ils ressentent même parfois, au contraire, un vif plaisir à écouter les exercices qui suivent. Le fidèle s'est alors affranchi de l'excitation familière de ses occupations habituelles. On s'avancerait trop en supposant que, pendant ces quelques instants d'assoupissement, tandis qu'il était assis sur son banc, il se soit suffisamment reposé — dans l'acception commune de cette locution — pour réparer une déperdition organique quelconque, ce qui expliquerait la nouvelle sensation de délassement qui en résulte. Il a reçu, au cours de cette brève retraite du monde, des renforts dont l'efficacité ne dépend évidemment ni du temps ni du lieu, — et ces renforts sont seulement d'une nature spirituelle. Il s'est retiré ou il a été retiré au loin — soustrait aux exigences de la vue, de l'ouïe ou de la pensée, en un mot loin de son existence apparente, — et par là, il a été rapproché de la source de toute vie.

Les Anciens croyaient généralement que ceux qui dormaient dans les temples étaient susceptibles d'y recevoir des communications divines plutôt qu'en tout autre endroit. Strabon est peut-être l'autorité païenne la plus importante que nous puissions invoquer sur ce sujet. Il dit :

« En effet, Moïse, un prêtre égyptien, qui possédait une partie de la contrée appelée « Delta », ayant pris en dégoût les institutions de son pays, le quitta pour aller en Judée. Un grand nombre d'hommes honorant la divinité partit avec lui. Il disait et enseignait que les Egyptiens et les Libyens étaient fous de prétendre représenter la divinité sous la forme de bêtes féroces ou domestiques ; que les Grecs ne se montraient guère plus sensés en lui donnant la forme humaine. Selon lui, la divinité n'est autre chose que ce qui nous enveloppe — la terre et la mer — c'est-à-dire ce que nous appelons le ciel, le monde et la nature. Mais quel homme raisonnable oserait personnifier cette divinité dans une image faite sur le modèle de l'un de nous ? Donc, Moïse exigea de ses adeptes qu'ils renonçassent à fabriquer des idoles, et qu'ils se bornassent, pour honorer la divinité, à lui consacrer un lieu et un sanctuaire dignes d'Elle, et sous la condition que l'un et l'autre seraient dépourvus d'images. Les sages et les justes devant toujours attendre de la divinité des manifestations, des biens et des faveurs — attente interdite aux autres mortels — il exigea également de ceux que visitaient des rêves heureux, *qu'ils allassent dormir dans ce sanctuaire, afin d'y obtenir des inspirations pour eux-mêmes et pour autrui.*

« Par ce discours, Moïse persuada un grand nombre d'hommes censés, et les conduisit dans la contrée où s'élève aujourd'hui la cité de Jérusalem. »

Un autre écrivain païen, Pomponius Mela, relate la pratique, établie en Italie et en Grèce, d'aller dormir dans les temples pour y recevoir en rêves les révélations dispensées par la divinité.

Nous avons déjà cité l'allégation de Iamblichus, affirmant que « beaucoup de malades recevaient, en dormant dans les temples d'Esculape et au cours de rêves envoyés par ce dieu, la révélation de leur guérison. »

On raconte que Ion, fille de Cadmus, avait des temples en Grèce et à Rome. Les Romains l'ont personnifiée dans Albune ou Albule, une nymphe à laquelle ses adorateurs attribuaient une puissance prophétique. Ceux qui la consultaient avaient cou-

tume d'aller dormir dans ses temples, et d'y attendre que ce qu'ils désiraient savoir leur fût révélé
pendant leur sommeil sous la forme de visions ou
de rêves.

Durant son enfance, Samuel couchait dans le
temple du Seigneur, où l'on avait placé l'Arche
d'alliance. C'est là que Dieu l'a appelé par son nom,
et l'a préparé à devenir un de ses prophètes.

Parmi les Hébreux, cet usage paraît avoir été
général. Nous lisons dans l'Évangile de saint Luc
qu'Anne, la prophétesse, veuve depuis quatre-
vingt-quatre ans, ne sortait point du temple, servant Dieu nuit et jour par ses jeûnes et par ses
prières.

Salomon se rendait à Gabaon pour offrir des sacrifices. Jusqu'à cette époque, le peuple n'ayant point
de temples, ne sacrifiait que dans les lieux élevés.
On nous dit qu'à Gabaon, l'Éternel apparut la nuit
en songe à Salomon, et que le roi ayant demandé à
Dieu de lui donner un cœur capable de juger son
peuple et de discerner le bien du mal, au lieu de
souhaiter des richesses ou une longue vie, le Seigneur lui octroya tout ce qu'il avait désiré, plus les
richesses, la gloire et la promessse d'une longue
existence, de telle sorte qu'aucun roi ne put jamais
lui être comparé.

Il ne paraît pas être venu à l'esprit d'aucune de
ces autorités de voir dans cette plus grande acces-
sibilité à l'influence spirituelle une autre cause que

l'abstraction plus complète du monde, encouragée par la retraite.

Dean Swift, dans une lettre à Pope, écrit, le 30 août 1716 : « Je sais qu'anciennement ceux qui désiraient consulter les oracles allaient dormir dans les temples. » Qui me dicte en mon sommeil, etc... (Milton.)

Un érudit philologue allemand, le Dr Carl Abel, a bien voulu me communiquer un article publié dans l'un des plus importants hebdomadaires illustrés allemands, la *Woche*, de Berlin. Les observations suivantes accompagnent cette coupure :

« Il est, dans cet article, énoncé que, dans un village catholique situé près de Vienne, on continue l'ancienne coutume qu'avaient les Juifs de dormir dans des enceintes dédiées à un usage divin, afin d'y recevoir des rêves dus à l'inspiration d'en haut. A Jérusalem, on rencontrait l'inspiration dans le temple ; à Vienne, ou plutôt à Salmannsdorf, on la trouve dans un bois sacré. Sous l'empire des anciennes lois de Moïse, la communication attendue avait pour but de mettre celui qui la recevait en état de discerner la disposition de la volonté divine par rapport à une affaire d'une grave importance. Aujourd'hui, l'oracle désiré semble se rapporter généralement au choix de billets de loterie. »

Voici la traduction de l'article de la *Woche* du 2 août 1902 :

« *La sainte Forêt*. — Dans la forêt de Salmannsdorf, à cinq minutes de distance de la grande ville
de Vienne, on peut assister à un spectacle absolument insolite. A l'entrée de la forêt, on a suspendu
aux arbres des peintures à l'huile, des gravures,
des eaux-fortes, des bronzes, des marbres, etc. —
une vraie galerie d'art créée par des âmes pieuses.
Parmi ces objets, les connaisseurs apercevront
beaucoup de pièces de valeur souffrant de leur expo-
sition à toutes les intempéries des saisons. Ce lieu,
sur lequel on a fait courir toutes sortes de bruits,
passe pour saint et s'appelle « La Forêt de la Prière ».
Une foule de gens superstitieux vont y dormir.
dans l'espoir de découvrir en rêve les numéros
gagnants des nombreuses loteries autrichiennes. »

Il est bon d'ajouter à cela quelques sages observations d'une dame russe, qui a récemment publié
un ouvrage très substantiel sur la pathologie du
sommeil :

« Toutes les conditions compliquées de l'existence
sociale auxquelles, pendant l'état de veille, nous
sommes tous forcés de nous conformer ou de résister,
sont éliminées pendant le sommeil, et la vie psychique des rêves se déroule librement sans les entraves
gênantes des lois sociales. On ne peut nier que ces
lois sociales, enserrant toute existence humaine,
ne deviennent quelquefois un lourd fardeau, et
qu'elles ne développent en même temps dans les
sentiments, dans les pensées et dans les actions

une certaine hypocrisie, et qu'elles ne donnent ainsi naissance à une fausseté et à une fourberie sans limite. Tout ceci se modifie dans le sommeil. On est délivré du lourd fardeau de ces conditions vitales qui, en vertu du développement historique, ont acquis un certain empire dans une nation ou une société données, et qui, très souvent aussi, ne sont pas seulement contraires aux désirs et aux instincts des hommes, mais sont encore préjudiciables à l'accroissement et au bien-être des individus vivant au milieu de la nation ou de la société. Le sommeil nous libère de toutes ces chaînes conventionnelles, et nous amène, pour ainsi dire, en face de la nature. Pendant le sommeil — ainsi que l'a observé le philosophe physiologiste Burdach — toutes les différences sociales disparaissent, et les hommes atteignent à cette parfaite égalité qui, à l'état de veille, demeure pour eux un simple rêve [1]. »

Lord Byron raconte à Georges Ticknor qu'il avait écrit *English Bards and Scotch Reviewers*, pendant l'hiver passé à la campagne, dans la terre patrimoniale, avant son départ pour ses longs voyages. Une neige abondante couvrait le sol ; Byron ne sortit pas de la maison, et, pendant tout un mois, se levant le soir avant la tombée de la nuit, et se couchant le matin avant l'aube, il n'aperçut jamais la lumière du jour.

1. *Le sommeil : sa Psychologie, sa Pathologie, son Hygiène et sa Physiologie*, par Marie Manacéine, p. 112.

Quelle autre et quelle meilleure explication pourrait-on donner du ton, de l'esprit et du but de cette satire brutale, que cette violation systématique et persistante des lois de la nature pendant un mois entier, durant lequel de nuisibles stimulants remplacèrent les effets salutaires du sommeil ?

Les médecins du monde entier ont accepté, comme incontestablement la plus conforme à la raison, la division du jour proposée par Hufeland : huit heures de travail, huit heures de sommeil et huit heures consacrées aux repas, aux exercices corporels et à la récréation de l'esprit.

CHAPITRE VII

Quiconque étudie scrupuleusement la Bible pourrait se demander : « Comment peut-on concilier cette théorie du sommeil avec le second commandement remis à Moïse, où il est dit qu'à l'expiration des six jours employés par Dieu à créer le ciel et la terre, le Seigneur se reposa le septième jour ? » Si Dieu se repose, pourquoi l'homme ne se reposerait-il pas également ?

On ferait peut-être mieux de répondre à cette question par cette autre question : « Comment concevoir qu'un être d'une puissance infinie ressente de la fatigue ou ait besoin de repos, dans le sens impliqué par cette question ? Une semblable notion de Dieu n'est pas seulement incompatible avec les attributs nécessaires et indiscutables de l'Être suprême — la « *Causa causans* » — mais, pis que cela, elle entraîne après elle l'idée de polythéisme ou d'athéisme.

Les païens adressèrent aux premiers chrétiens le reproche de passer tous les septièmes jours dans la mollesse et dans l'oisiveté, imitant en cela leur

Dieu fatigué — reproche mérité, si le Dieu qu'ils adoraient avait, en effet, été sujet à la fatigue.

Claudius Rutilius Namatianus, auteur d'un poème élégiaque en deux chants, décrivant son voyage de Rome en Gaule, parle d'une charmante propriété rurale qu'il visita en quittant Falérie. La personne chargée de l'exploitation était un vieux Juif maussade,

> « Namque loci querulus curam
> Judæus agebat »,

qui le gronda d'avoir piétiné les plates-bandes et gaspillé l'eau.

« Nous l'avons réprimandé (dit Namatianus), comme le méritait l'ignoble race à laquelle il appartenait — peuple éhonté, race vile pratiquant la circoncision parmi ses absurdités, célébrant ι ι-lement un stupide sabbat, et passant, avec une âme plus stupide encore que leur religion, tous les sep-tièmes jours dans une oisiveté honteuse, afin d'imiter la mollesse de leur Dieu fatigué [1].

On peut trouver dans le deuxième et le troisième verset du second chapitre de la Genèse une autre réponse à la question qui nous intéresse. Il y est dit en effet : « Dieu acheva au septième jour son œuvre,

[1]. Reddimus obscenæ convicia debita genti
Quæ genitale caput propudiosa metit,
Radix stultitiæ cui frigida sabbata cordi,
Sed cor frigidius religione sua :
Septima quæque dies turpi damnata veterno,
Tanquam lassati mollis imago dei.

qu'il avait faite ; et il se reposa au septième jour de toute son œuvre, qu'il avait faite. Dieu bénit le septième jour et il le sanctifia, parce qu'en ce jour il se reposa de toute son œuvre qu'il avait créée en la faisant. »

Le repos, dans son acception ordinaire, implique l'épuisement des forces, une faiblesse qui, si on ne lui fournit pas de nouveaux fortifiants, doit aboutir à la mort — condition impossible à concevoir pour notre Créateur.

Dans le cas présent, la signification du mot « repos » est tout autre, parce qu'on lui a assigné très distinctement une raison d'être absolument différente, et la voici : Dieu avait, en le bénissant et en le sanctifiant, distingué ce jour-là des autres jours de la création.

En bénissant et en sanctifiant le repos, Dieu n'a certainement pas béni et sanctifié l'oisiveté, qui est une interruption de la croissance, une suspension de toutes les activités productives et une mort temporaire. De même que l'omnipotence n'est pas susceptible de fatigue, les conséquences de l'oisiveté ne méritent ni n'appellent la sanctification. Évidemment, cette distinction entre le Sabbat et les autres jours n'avait point pour but d'assurer le repos physique et la récupération des forces, antithèse et antidote communément admis contre la fatigue. On l'institua, ainsi que nous l'affirme le divin récit, en souvenir de l'esclavage des Israélites en Egypte — esclavage d'habitudes, de penchants et de passions coupables, esclavage d'un égoïsme avilissant, sans bornes, et duquel le Seigneur les avait affranchis. L'observation du sabbat devait leur rappeler cette grande délivrance, ainsi que les devoirs et les obligations qu'elle leur imposait. C'était une nouvelle mesure de prévoyance prise en raison de la nouvelle condition spirituelle à laquelle on les avait élevés.

Si la sanctification du septième jour n'a pas pour but un simple repos, une récupération de nos forces — et elle ne l'a certainement pas — il faut chercher ailleurs la vraie signification d'un usage, d'un cérémonial dont notre Père des cieux donna le premier l'exemple, qu'il veut voir suivi par tous ses enfants.

L'apôtre Paul, heureusement, a fait la lumière sur cette question, bien qu'il ne traitât pas précisément ce sujet, dans son épître aux Hébreux.

Il est clairement établi qu'il ne fut pas permis à la génération des Hébreux, retirée par Moïse de la servitude en Egypte, d'entrer dans le repos de Dieu.

Premièrement, parce que leur cœur erre sans cesse ; deuxièmement, parce qu'ils n'ont point connu les voies du Seigneur ; troisièmement, parce qu'ils ont péché ; quatrièmement, parce qu'ils se sont montrés incrédules [1].

1. Hébreux, III, 14.

Paul ajoute que lui et ceux d'entre ses disciples qui ont cru en Dieu entrent dans le repos, et qu'il reste un repos pour le peuple de Dieu ; « car, celui qui entre dans le repos de Dieu se repose de ses œuvres comme Dieu s'est reposé des siennes ».

Lorsque Paul parle ici de lui et de ses disciples, il dit « qu'ils avaient terminé leur œuvre », non pas ainsi qu'il arrive au laboureur à la chute du jour, mais « comme Dieu finit la sienne. » Jamais Paul ne fut plus actif ni plus zélé dans la vocation où le Seigneur l'avait appelé qu'à l'époque de sa vie employée à louer le repos dont ses disciples et lui jouissaient.

Si nous considérons — ainsi que le font généralement les théologiens éclairés — la servitude des Israélites en Égypte, telle qu'elle est rapportée dans le récit de Paul, comme une servitude du péché, et leur délivrance de cette servitude comme le commencement d'un état de régénération, nous commençons alors, nous aussi, à comprendre la nécessité de poursuivre ce travail de régénération, représenté par quarante ans de luttes contre les épreuves et les tentations dans le désert, la nécessité de nous retirer périodiquement loin des soucis et des embûches terrestres et de consacrer une partie de notre temps et de nos pensées à exclure rigoureusement ces distractions.

Le Seigneur, en expliquant ce qu'il avait fait aussi bien contre que pour les enfants d'Israël, lorsqu'il les conduisit hors de l'Égypte, et qu'il leur donna ses arrêts et ses lois, « qui devaient faire vivre tous ceux qui s'y conformeraient », le Seigneur, disons-nous, ajouta :

« De plus, je leur donnai aussi mes Sabbats comme un signe entre moi et eux, pour qu'ils connaissent que je suis l'Éternel qui les sanctifie. »

La sanctification, et non pas l'oisiveté, était le grand et le seul but du Sabbat et du repos ordonné en ce jour. La sanctification n'est-elle pas le but de tout repos, et tout repos n'entraîne-t-il pas l'idée d'un détachement du monde, que l'on n'obtient entièrement que dans le sommeil et dans la mort ?

Le cinquante-huitième chapitre d'Isaïe fournit très probablement la plus précise définition du repos procuré par le Sabbat ; on en trouvera la substance dans les versets suivants :

« Si tu retiens ton pied pendant le Sabbat pour ne pas faire ta volonté en mon saint jour, si tu fais du Sabbat tes délices pour sanctifier l'Éternel en le glorifiant, et si tu l'honores en ne suivant point tes voies, en ne te livrant pas à tes penchants et à tes vains discours, alors tu mettras ton plaisir en l'Éternel et je te ferai monter sur les hauteurs de la terre ; je te ferai jouir de l'héritage de Jacob, ton père. »

Ici se présente une question importante et sérieuse. Chaque incident de notre vie qui détache nos affections de ce monde ou qui diminue la valeur de tous les plaisirs égoïstes, n'est-il pas, à nos yeux, une partie de ce repos que le Sabbat avait pour but de nous assurer ?

Rien n'arrive par hasard. Rien n'est accidentel. Nous ne pourrions pas davantage concevoir une perte d'énergie divine. Il faut présumer que tout ce qui arrive sert à avancer les fins de l'amour divin et de la sagesse divine.

Quel est alors le but sanctifiant des innombrables interruptions, des désappointements et des défaites qui assaillent la vie terrestre des meilleurs et des plus sages, aussi bien que celle des plus faibles et des pires ? Que serions-nous en droit d'attendre en dédommagement de la faim et de la fatigue qui se renouvellent sans cesse, des douleurs, des maladies, des désastres commerciaux, de l'oisiveté forcée, des réclamations importunes et gênantes, ainsi que des distractions inutiles que nous ne pouvons éviter, et dont nous ne devons pas jouir ? Quel autre serait ce but, sinon celui que notre Père qui est dans les cieux a indiqué, lorsque, parlant des Israélites, il disait au Prophète :

« Je leur ai donné mes Sabbats comme un signe entre moi et eux, afin qu'ils connussent que je suis l'Eternel qui les sanctifie [1]. »

Cela n'indique-t-il pas que les Sabbats sont destinés à affaiblir ou à détruire l'influence exercée sur nous par le monde, à nous faire perdre la con-

[1]. Ezéchiel, XX, 12.

fiance que, tout naturellement, nous avons en nos
propres forces ; à nous procurer le repos des travaux trop absorbants qui nous empêchent de connaître le Seigneur qui l'a sanctifié ?

Toutes les épreuves et toutes les tribulations
sont des messagères envoyées du Ciel par l'amour
et par la miséricorde. Toutes, depuis la plus petite
jusqu'à la plus grande, contribuent à affaiblir
l'influence du monde sur nous. Toutes ne remplis-
sent-elles pas, jusqu'à un certain point et plus ou
moins souvent, le rôle évidemment réservé à ce que
nous considérons comme la plus grande fonction
du sommeil ?

Dieu nous a assuré qu'il frappe toujours à la porte
de chacun de nous, et qu'il s'attend également toujours à ce qu'on l'invite à entrer et à se mettre à
table. Que sont donc toutes nos tribulations, sinon
des coups semblables frappés à notre porte : des
sabbats à l'aide desquels Dieu veut nous sanctifier ?
Sommes-nous abattus par les maladies et rongés
d'inquiétudes quant à leur résultat final, à mesure
que ces inquiétudes augmentent, nos intérêts
terrestres diminuent avec une étonnante rapidité ;
nos ambitions nous échappent comme des songes
de nuit ; nous sommes prêts à échanger notre fortune
et nos honneurs contre la robuste santé du char-
bonnier ou du maçon. Sous le poids des épreuves,
les joies et les vanités du monde perdent de leur
importance, un peu moins cependant que dans le

sommeil, — où elles disparaissent complètement pendant un certain temps, — ou que dans la mort, — où elles s'évanouissent entièrement.

Ne peut-on pas se demander avec raison si la lecture d'un beau poème ou d'un roman attachant, de même que la contemplation d'un chef-d'œuvre quelconque n'ont jamais de but plus élevé que celui de nous délivrer, pendant quelque temps, de l'esclavage de nos soucis quotidiens ; de nous fournir un idéal séduisant et nouveau, et de nous faire comprendre que nous sommes capables de vivre une existence plus relevée et de jouir de plaisirs plus éthérés. En d'autres termes, cette faculté n'est-elle pas la servante du sommeil ?

Nous reviendrons plus loin sur ce sujet. Cependant, avant de clore ce chapitre, je dois reproduire un passage de la Bible rendant encore plus claire la distinction que j'ai essayé d'établir entre le « repos » de l'Écriture sainte et l'oisiveté.

Nous lisons dans Isaïe, chapitre XL, 28-31 :

« Ne le sais-tu pas ? Ne l'as-tu pas appris ? C'est le Dieu d'Éternité, l'Éternel, qui a créé les extrémités de la terre ; *il ne se fatigue point ; il ne se lasse point*. On ne peut sonder son intelligence. Il donne de la force à celui qui est fatigué, et il augmente la vigueur de celui qui tombe en défaillance ; ceux-là prennent leur vol comme les aigles ; ils courront et ne se lasseront point ; ils marcheront et ne se fatigueront point. »

CHAPITRE VIII

IMPORTANCE DONNÉE DANS LA BIBLE A L'HEURE MATINALE ; SA SIGNIFICATION SPIRITUELLE.

J'ai déjà parlé des grands changements, au point de vue physique, mental et moral, que nous paraissons subir pendant les intervalles de sommeil.

« L'homme, dit le Dr Bushnell, qui se réveille en colère, doit toucher de bien près au démon. Après le Sabbat, où il a perdu conscience de lui-même, il commence un autre jour, et chaque jour est un lundi. Combien, par cette douce économie du sommeil, ne sommes-nous pas tendrement attirés vers l'exercice de toutes les bonnes dispositions ? Tous les éléments âcres et amers du mal, les soupçons hypocondriaques, les noirs tourments de la misanthropie, les critiques moroses, se trouvent tellement modifiés et adoucis par le sommeil, cette aimable discipline de Dieu, que nous ne remarquons même pas combien ils pourraient être diaboliquement douloureux, si d'heureuses interruptions ne venaient détruire leur influence. »

Sans doute, nous connaissons tous, plus ou moins, ces sensations ; et elles donnent une signification et une importance particulières à quelques-uns des plus graves événements spirituels de notre race.

Seul, celui qui étudie superficiellement la Bible ne sera pas frappé de la fréquence avec laquelle on y relate des faits historiques ayant eu lieu le matin, alors que, selon toutes les apparences humaines, il n'y avait aucune raison pour indiquer l'heure où ils s'étaient passés, et, encore moins, pour qu'ils se fussent passés dans cette partie du jour plutôt que dans une autre.

Le lecteur fera bien de remarquer l'extrême importance de la précision de l'heure dans chacun des cas cités ci-dessous.

On nous raconte que Jacob s'éveilla de son sommeil et dit : « Certainement Dieu est en ce lieu, et je n'en savais rien. » Et il eut peur et ajouta : « Que ce lieu est redoutable ! Ce ne peut être que la *maison de Dieu*, et voici la *porte des Cieux* [1]. »

« L'Eternel dit à Moïse : Lève-toi de bon matin et présente-toi devant Pharaon. Le voici qui sort pour aller se baigner ; dis-lui : Laissez partir mon peuple [2]. »

C'est à minuit que Dieu frappa tous les premiers nés dans la terre d'Egypte ; mais il s'arrêta aux portes des Israélites.

« Aucune plaie ne s'abattra sur vous pour vous détruire, lorsque je sévirai contre la terre d'Egypte ; *vous conserverez le souvenir de ce jour, et vous le*

1. Genèse, XXVIII, 16, 18.
2. Exode, VIII, 20.

*célébrerez par une fête en l'honneur de l'Eter-
nel* [1].

Cette *nuit de la destinée*, on ordonna aux Israélites
d'attendre *jusqu'au matin* pour franchir le seuil de
leurs portes [2].

Cette même nuit, Pharaon se leva, ainsi que tous
ses serviteurs et tous les Egyptiens ; il appela, *pendant les heures de nuit*, Moïse et Aaron, et leur dit :
« Levez-vous ; sortez du milieu de mon peuple, vous
et tous les enfants d'Israël; allez-vous-en, et servez
le Seigneur comme vous l'entendez [3]. » C'est ainsi
que, à la fin de quatre cent trente ans et dans la
même demi-journée, toutes les armées de l'Eternel
sortirent du pays d'Egypte. «Cette nuit *est une nuit
pendant laquelle on veille en l'honneur de l'Eternel*,
parce qu'il fit sortir les Hébreux du pays d'Egypte ;
cette même nuit est une nuit pendant laquelle *tous
les enfants d'Israël et leurs descendants veilleront
en l'honneur de l'Eternel.* »

Comme rien n'est accidentel dans l'économie divine, on peut se demander avec étonnement pourquoi ce châtiment des Egyptiens, aussi bien que la
délivrance des Israélites, eut lieu pendant la nuit,
alors qu'aucune raison n'apparaît à nos yeux pour
expliquer pourquoi il n'eut pas lieu pendant le

1. Exode, XII, 14.
2. Exode, XII, 22.
3. Exode, XII, 31.

jour, chose qui eût été apparemment plus appropriée pour tous les éléments en jeu.

Tandis que Pharaon et son armée pourchassaient les enfants d'Israël et les suivaient jusqu'au milieu des flots de la mer, « il arriva qu'à *la veillée du matin*, l'Éternel regarda le camp des Égyptiens à travers la colonne de feu et de nuées, et il mit en désordre le camp des Égyptiens... Moïse étendit sa main sur la mer, et, vers le *matin*, la mer revint avec impétuosité... Les eaux en revenant couvrirent les chars, les cavaliers et toute l'armée de Pharaon, qui étaient entrés dans la mer après les enfants d'Israël, et il n'en échappa pas un seul... Et Israël vit la main puissante que l'Éternel avait dirigée contre les Égyptiens. Et le peuple craignit l'Éternel, et il crut en l'Éternel et en Moïse, son serviteur. »

Quand les enfants d'Israël furent conduits hors de la servitude des Égyptiens, « Dieu marchait devant eux, le jour dans une colonne de nuée pour les guider dans leur chemin, et la nuit dans une colonne de feu pour les éclairer, afin *qu'ils marchassent jour et nuit*. La colonne de nuée ne se retirait point devant le peuple pendant le jour, ni la colonne de feu pendant la nuit [1].

Il fallait ne pas perdre de temps ni le jour ni la nuit. Mais quel profit les Israélites devaient-ils retirer de cette suractivité ? Non seulement celui de se dérober aux recherches des Égyptiens, mais

1. Exode, XIIe, 22.

aussi celui de se soustraire à l'esclavage du péché, qu'ils laissaient loin derrière eux.

De quelle façon ont-ils continué leur exode pendant la nuit ? Naturellement, ils ne pouvaient marcher nuit et jour : cela était physiquement impossible. D'ailleurs, nous lisons continuellement qu'ils campèrent en différents endroits. Ils campèrent à Elim, puis, pendant quelque temps, à Raphidim. Enfin, ils dressèrent leurs tentes devant le mont Sinaï, où Moïse leur remit les commandements et les tables de la loi. Ils séjournèrent assez longtemps en cet endroit. En dernier lieu, ils demeurèrent à Kadish, où Miriam mourut et fut ensevelie. Plus tard, les Hébreux prirent, pendant 30 jours, le deuil en l'honneur d'Aaron, qui mourut au mont Hor et y fut enseveli.

Mais Dieu les précédait toujours, ne cessant point de travailler pour eux, jour et nuit.

Qui lira ces citations, ainsi groupées ensemble, sans s'étonner que l'on mentionne toujours exactement l'heure à laquelle se sont produits les événements y relatifs, alors que, selon toute apparence, cette heure n'a aucune importance terrestre ? Le lecteur réfléchi sera forcé d'admettre, ou bien que ces données étaient inutiles ou superflues, ou bien que les susdits événements avaient quelque rapport inévitable et essentiel avec le moment précis où ils ont eu lieu.

Ceux qui discutent l'origine surnaturelle de la

Bible peuvent seuls admettre la première hypothèse. Ceux qui, ayant lu ces versets de la Bible, acceptent la seconde, n'éprouveront aucune difficulté à comprendre en quoi consiste, aux yeux de l'auteur de ce livre, ce rapport essentiel et inévitable.

Quand les enfants d'Israël murmurèrent contre Moïse et Aaron, et qu'ils se prirent à regretter les écuelles où les Egyptiens mettaient la viande à cuire, le Seigneur promit que, du ciel, il pleuvrait du pain à leur intention.

Et Moïse et Aaron dirent aux enfants d'Israël : « Le soir, vous connaîtrez que le Seigneur vous a tirés de la terre d'Egypte. Et, *le matin, vous verrez toute la gloire de Dieu* [1]. »

On nous raconte que, pendant les quarante ans passés par les Israélites à errer dans le désert, ils se nourrirent de cette manne céleste. On leur donnait des instructions pour la ramasser, chacun selon ses besoins; mais Moïse disait : « Que personne n'en garde jusqu'au lendemain matin. » Il fallait que, la nuit venue, ils eussent mangé ce pain tombé du ciel. « Et le *matin*, ajoutait Moïse, vous verrez la gloire de Dieu. »

Le pain du Seigneur est le pain de vie, le pain qui nourrit l'âme aussi bien que le corps.

On ne peut considérer avec indifférence, ou comme

[1]. Exode, XVI. 6, 7.

dépourvue de signification , aucune circonstance
ayant entouré la publication du Décalogue. Voici
le récit de cet événement, tel qu'il est rapporté dans
le vingt-quatrième chapitre de l'Exode. Je prie
le lecteur de noter l'heure choisie pour la remise du
message le plus important que notre race ait peut-
être jamais reçu.

« Le Seigneur dit à Moïse : taille deux tables de
pierre semblables aux premières, et j'y écrirai les
paroles qui étaient sur les premières tables que tu
as brisées. Sois prêt *de bon matin* et tu monteras
dès le matin sur la montagne de Sinaï ; tu te tiendras
là devant moi, sur le sommet de la montagne...
Moïse tailla deux tables de pierre semblables aux
premières ; il se *leva de bon matin* et monta sur la
montagne Sinaï, ainsi que le Seigneur lui en avait
donné l'ordre, et il prit dans sa main les deux tables
de pierre. L'Eternel descendit dans une nuée, se
tint là auprès de lui et proclama le nom de l'Eternel. »

Lorsque Dieu remit à Moïse les tables de pierre,
ainsi que la loi et les commandements, pour qu'il
les enseignât aux Hébreux, Moïse écrivit toutes les
paroles de l'Eternel, et, *s'étant levé matin*, il éleva un
autel au bas de la montagne et dressa douze colonnes
en commémoration des douze tribus d'Israël....
Ensuite, il prit le livre d'alliance et le lut au peuple
rassemblé ; celui-ci dit : » Nous ferons tout ce que
le Seigneur a commandé, et nous lui obéirons [1]. »

1. Exode, XXIV, 4, 7.

Lorsque Anne et son mari Elkana allèrent trouver le grand prêtre Héli pour le prier de bénir leur supplique, par laquelle Anne demandait à être rendue mère, « le visage de cette dernière n'exprimait plus la tristesse. Et ils *se levèrent de bonne heure*, adorèrent le Seigneur et retournèrent chez eux à Rama [2].

Quand les Philistins insistèrent auprès de David pour qu'il ne combattit pas avec eux, Achish dit à David :

« Je sais que tu es agréable à ma vue comme un ange de Dieu ; cependant les princes des Philistins disent : Il ne montera point avec nous pour combattre. Ainsi, *lève-toi de bon matin*, toi et les serviteurs de ton maître qui sont venus avec toi ; *levez-vous de bon matin* et partez, dès que vous verrez la lumière. David et ses gens *se levèrent de bonne heure* pour partir dès le *matin* et retourner dans le pays des Philistins [1]. »

Lorsque les Philistins prirent aux Hébreux l'Arche de Dieu, ils la portèrent dans le temple de Dagon et la placèrent à côté de Dagon. Le lendemain matin, *de bonne heure*, on trouva Dagon renversé la face contre terre, devant l'Arche du Seigneur. Les Philistins relevèrent Dagon et le posèrent de nouveau à côte de l'Arche du Seigneur, » et le lendemain encore, *s'étant levés de bon matin*, ils trouvèrent Dagon étendu la face contre terre, devant

1. Samuel, I, 19.
2. 1 Samuel, XXIX, 9.

l'Arche du Seigneur ; la tête de Dagon et ses deux mains étaient abattues sur le seuil, et il ne lui restait que le tronc [1]. »

Ces deux faits, la chute de Dagon et sa mutilation, se produisirent *pendant la nuit*, au moment où probablement dormaient les Hébreux, pour le plus grand avantage desquels était survenue la chute de l'idole.

Le prophète Ezéchiel nous dit : « Il arriva, dans la douzième année de notre captivité, qu'un homme, parvenu à s'échapper de Jérusalem, vint à moi et dit : « La ville a été prise. La main de l'Eternel avait été sur moi, le soir, avant l'arrivée du fugitif, et l'Eternel m'avait ouvert la bouche *lorsqu'il vint auprès de moi le matin*. Ma bouche était ouverte, et je n'étais plus muet [2].

Ce fut le commencement du message le plus émouvant que donna jamais Ezéchiel. Il avait pour but de démontrer comment et par quelles tribulations les hommes dont la bouche n'est pleine que de paroles de charité, mais dont le cœur se montre âpre au gain, sont quelquefois amenés à reconnaître en Dieu seul l'auteur de semblables messages.

Il est important de remarquer qu'on avait ouvert la bouche d'Ezéchiel et qu'il n'était plus muet, au matin, parce que, pendant la nuit, l'Eternel avait étendu sa main sur lui.

1. 1 Samuel, v, 4.
2. Ezéchiel, xxxiii, 2i.

« Les bontés de l'Eternel ne sont pas épuisées, dit le Prophète, ses compassions ne sont point à leur terme ; elles se *renouvellent chaque matin*. Oh ! que ta fidélité est grande ı ! »

Le roi David chante :

« Eternel ! *dès le matin*, tu entendras ma voix ; *dès le matin*, je t'adresserai mes prières et je regarderai vers toi ı. »

« Mon âme, compte sur le Seigneur, plus que les gardes ne comptent *sur le matin* ; oui, plus que les gardes ne comptent *sur le matin* ³. »

« Tu as sondé mon cœur, tu l'as visité la nuit ; tu m'as éprouvé, et tu n'as trouvé en moi aucune faiblesse ; car je suis absolument décidé à ce que ma bouche ne t'offense pas ⁴. »

« Chantez l'Eternel, vous qui l'aimez, célébrez sa sainteté par vos louanges ! Car sa colère ne dure qu'un instant, mais sa grâce dure toute la vie ; le soir arrivent les pleurs, et le *matin*, l'allégresse ⁵. »

« Pour moi, dans mon innocence, je verrai ta face ; *dès le réveil*, je me rassasierai de ton image ₆. »

Jean, le fils d'Elisabeth, fut proclamé par son père Zacharie comme « Prophète du Très-Haut », devant marcher « devant la face du Seigneur pour

1. Lamentations, III, 22, 23.
2. Psaume, V.
3. Psaume, CXXX.
4. Psaume, XVII.
5. Psaume, XXX, 5, 6.
6. Psaume, XVII.

préparer ses voies, et donner à son peuple la notion
du salut, par le moyen duquel la *Source de la lumière
du jour* nous a visités d'en haut pour briller au-
dessus de ceux qui sont assis dans les ténèbres et
dans *l'ombre* de la mort ; pour diriger nos pas dans
le chemin de la paix [1]. »

De même dans Job : « Depuis que tu existes,
as-tu commandé au *Matin* ? As-tu montré sa place
à la *Source du jour*, pour qu'elle embrasse les extrê-
mités de la terre et que les méchants en soient
chassés [2] ? »

Pourquoi, dans ces deux très importantes occa-
sions, donne-t-on à l'aube ou au point du jour une
si grande valeur ?

Ont-ils pour nous une signification différente
de celle qu'auraient les autres parties du jour ?

Ce fut précisément par rapport à cet événement
que l'ange Gabriel dit à Marie : Aucune parole de
Dieu ne manquera de puissance [3].

Notre-Seigneur Jésus fut enseveli le soir et ressuscité le matin du troisième jour.

Ce fut le premier jour de la semaine que Marie
Madeleine vint *de grand matin, pendant qu'il faisait
encore sombre*, au sépulcre, et s'aperçut que la pierre
en était levée. Elle vit ainsi Jésus la première, et

1. St Luc, 1, 79.
2. Job, XXXVIII, 12.
3. St Luc, 1, 37.

elle reçut la première communication faite par lui à la race humaine, après son crucifiement [1].

C'est encore *de grand matin* que Jésus entra dans le temple; tout le monde vint à lui, et, s'étant assis, il les enseigna [2].

A l'ange de l'église de Pergame : « A celui qui vaincra, je donnerai à manger une manne secrète, ainsi qu'un caillou blanc sur lequel sera inscrit un nom nouveau que personne ne connaît, sauf celui qui le recevra. Et je lui donnerai *l'étoile du matin* [4]. »

Je suis le rejeton et la postérité de David, l'étoile brillante du matin [3].

Le Dieu d'Israël a dit : Celui qui règne sur les hommes avec justice et dans la crainte de Dieu sera comme *la lumière du matin*, lorsque le soleil se lève dans un ciel sans nuages [4].

L'étoile du matin signifie, cela va sans dire, le Seigneur lui-même.

Nicodème, un pharisien et l'un des Juifs les plus importants, alla, *de nuit*, trouver Jésus pour lui demander comment, alors qu'il est vieux, un homme pourrait renaître [5].

Après le crucifiement et lorsque Joseph d'Arimathie obtint de Pilate l'autorisation d'emporter le corps de Jésus, « Nicodème (qui d'abord s'était

1. St Marc, XVI, 2.
2. St Jean, VIII, 2.
3. Rev. II, 12.
4. Apoc., XXII, 16.
5. 2 Samuel, XXIII, 3, 4.
6. St Jean, III, 4.

rendu de nuit auprès de Jésus) l'accompagna, muni d'une préparation composée de myrrhe et d'aloès ».

Il est significatif qu'on rappelle ici, au moment où Nicodème arrive pour assister à l'ensevelissement de Notre Sauveur, le fait, en apparence sans importance, que sa première visite ait eu lieu de **nuit**.

Lorsque le Seigneur promit à Salomon une longue vie et des richesses, pour la seule raison qu'au lieu de les lui demander, il n'avait sollicité que de l'intelligence pour juger son peuple et pour discerner le bien du mal — prière qui fut également exaucée — Salomon se réveilla, et voilà que ce fut un songe de nuit [1].

« Je bénis l'Éternel, mon conseiller ; la nuit même mon cœur m'exhorte [2]. »

Quoique, sur un mystère de cette nature, l'Écriture soit la plus ancienne — pour ne pas dire la plus haute — autorité à laquelle on puisse avoir recours, cependant, à moins qu'elle ne se trouve confirmée dans une certaine mesure par l'expérience et le jugement d'hommes qui ne prétendent point à une inspiration surnaturelle, il est possible qu'elle ne réussisse pas à faire naître la conviction, même dans les esprits qui professent la foi la plus absolue dans la révélation.

1 Les Rois III, 15.
2. Psaume, XVI, 7.

Il existe de nombreux exemples de cette confirmation. Je n'en rapporterai que trois ou quatre, mais dont la qualité remplacera largement la petite quantité.

Dante parle de

« .... de l'heure, *proche du matin*, où la petite hirondelle commence, peut-être en souvenir de ses malheurs passés, sa triste chanson, *lorsque l'esprit de l'homme, plus dégagé de la chair et moins emprisonné par la pensée, est presque prophétique dans sa vision*[1].

Cette théorie des rêves matinaux est d'accord avec et certainement une allusion à ce que quelques personnes appellent une superstition, mais que l'on pourrait plus respectueusement qualifier de conviction parmi les anciens : *Somnium post somnum efficax est, atque eveniet sive bonum sit sive malum*, conviction qu'Ovide a perpétuée dans les vers suivants :

« Namque sub Aurora dormitante lucerna,
Somnia quo cerni tempore vera solent[2]. »

La vérité sur les rêves du matin, telle qu'elle est affirmée dans la citation ci-dessus empruntée au Purgatoire de Dante, inspira heureusement feu T. W. Parsons, à propos de la mort d'une cousine de sa femme :

1. Le Purgatoire, ix, 11.
2. Heroïdes Epis., 195.

« *PRESSO AL MATTINO DEL VOR SI SOGNA.*
— *Dante.*

» Réjouissons-nous, mon amour, d'avoir passé
[l'heure
Où les douleurs sont inconsolables ; et, quoique
[nous pleurions,
Nous trouvons dans notre chagrin quelque chose
[de sublime,
Et, dans chacune de nos larmes, le charme d'un
[baiser.
Continue donc de pleurer et de sourire, car tu nous
[as appris,
O Immortalité, que rien ne meurt
Dans nos cœurs, mais qu'il y est né quelque chose
[de nouveau ,
Et que ce qu'on arrache brusquement à nos yeux
Revient doucement *dans les visions du matin,*
Alors que nos rêves sont les plus vrais. »
Milton place dans la bouche de sa divine Muse
Ourania ces paroles :

« Quoique tombée sur de mauvais jours et sur de
[méchantes langues,
Entourée de ténèbres amassées autour de moi,
Ainsi que de solitude, je ne me sens pas seule
Quand tu visites mon sommeil, soit la nuit,
Soit aux heures où le matin empourpre l'Orient. »
Pope, dans son *Temple of Fame,* dit :

« Un doux sommeil avait, par son charme, apaisé
[mes soucis,
Et l'amour même fut banni de mon cœur.
(A l'heure où le matin apporte ses mystérieuses
[visions,
Alors qu'un plus pur sommeil déploie ses ailes
[d'or),
Une théorie de fantômes se dressa en désordre
[sauvage,
Puis, lorsqu'ils se furent réunis, composa cette
[scène toute mentale. »

Dryden, dans sa version du *Tale of the Nun's Priest*, écrit :

» Croyez-moi, Madame, les rêves du matin
Présagent les événements, le bonheur et le mal-
[heur futurs. »

Virgile nous raconte que, pendant qu'Énée, son héros, jetait dans le Latium les fondations de l'empire romain, et qu'il était assailli d'inquiétudes de toutes sortes, il se coucha, afin de procurer à ses membres un repos bien gagné. Alors, Tibre, le dieu de la rivière, lui apparut, l'encouragea à persévérer dans son dessein, à ne pas se laisser abattre par des manœuvres hostiles, mais bien plutôt, à l'heure où les étoiles s'éteignent au ciel, à offrir des prières à Junon et, par ses accents suppliants, à désarmer son ressentiment et sa colère. Le dieu donna à Énée l'assurance d'un succès final. Après ce discours,

Tibre disparut dans les profondeurs du lac, tandis qu'Enée *se réveilla à la pointe du jour, et commença à lui adresser des actions de grâces,* lui promettant de se confier à lui et de faire des sacrifices sur ses autels.

Il est un fait digne de remarque et dont la place ici semble toute indiquée : les premiers Romains dédiaient leurs prières du matin aux dieux de l'Olympe et celles du soir aux dieux infernaux.

———

CHAPITRE IX

NOTRE MÉMOIRE EXTÉRIEURE ET INTÉRIEURE. — LE « CORPS TERRESTRE » ET LE « CORPS CÉLESTE », D'APRÈS COLERIDGE. — LES OPÉRATIONS DE NOTRE VIE NON PHÉNOMÉNALE, AUSSI IMPORTANTES QUE CELLES DE NOTRE VIE PHÉNOMÉNALE.

Chaque fois que nous exerçons sérieusement nos facultés de raisonnement, nous nous détachons du monde visible, et l'état complet de notre détachement devient précisément proportionnel à la profondeur de notre pensée, ou au plus ou moins grand intérêt que nous inspire le sujet de nos méditations. Peu de personnes comprennent que, dans cet état, l'esprit ne se préoccupe pas plus du monde extérieur qu'un moulin ne se preoccupe de produire, de décortiquer ou de transporter le grain jeté dans son entonnoir. Le moulin se contente de moudre ce qu'on lui confie. L'esprit agit avec une telle rapidité que nous ne possédons point de facultés capables d'apercevoir le moment où les différentes opérations de l'esprit, de la mémoire et de la volonté commencent ou finissent. Les doigts du musicien semblent parcourir les touches du piano avec la rapidité de l'éclair; mais, à chaque note, la volonté, l'esprit et la mémoire agissent d'une façon indépendante. La volonté indique la note à produire ; la mémoire signale la touche qui donne cette note ; l'esprit choisit le bon doigt et ordonne de frapper cette touche. L'esprit en resterait là, si la volonté et la mémoire ne suggéraient pas une nouvelle note. Cette opération se renouvelle aussi longtemps que dure le morceau. L'esprit est le serviteur de la volonté ; la mémoire en est la messagère. Avec leur aide, l'esprit s'occupe de la vie phénoménale. Suspendez cependant l'action de la mémoire extérieure, et vous verrez alors l'esprit agir indépendamment du monde extérieur ou phénoménal : c'est cette condition que nous lui supposons dans le sommeil.

Pausanias nous raconte que : « près du temple des Muses, bâti par Ardate, fils de Vulcain, il existe un ancien autel sur lequel on offrait des sacrifices aux Muses et au Sommeil, *parce que, au-dessus de toutes les autres divinités, le Sommeil sourit aux Muses.* »

Quelques métaphysiciens modernes insistent sur ce fait que nous sommes doués d'un esprit subjectif et d'un esprit objectif, ainsi que de deux mémoires correspondantes. La différence entre ces deux mémoires consisterait dans ce fait que nous devrions employer le mot « Mémoire », si nous voulons désigner l'intelligence subjective, et le mot « Souvenir » si, au contraire, nous entendons parler de l'intelligence objective. Dans ce sens, la mémoire est la conservation active et la reconnaissance distincte d'idées saisies par notre esprit, tandis que le souvenir représente le pouvoir de rappeler, de cueillir à nouveau des idées que notre esprit a perçues une fois, mais qu'il a oubliées pour l'instant.

La mémoire subjective est considérée comme conservant toutes les idées, quelque superficiellement qu'elles se soient imprimées sur l'esprit objectif ; son pouvoir ne varie pas selon les individus [1].

Cette notion d'une mémoire subjective correspond principalement à ce que sir William Hamilton appelait « mental latency », la mentalité latente, parce qu'il soutenait que tout souvenir consistait à arracher au magasin de la mémoire latente une partie quelconque de son trésor. Il supposait la mémoire latente parfaite ; mais, tandis qu'il la regardait comme une opération mentale normale, destinée à élever une portion de ces trésors cachés jusqu'à notre conscience, il reconnaissait qu'on ne peut mettre au jour le contenu entier du magasin de notre intelligence latente que sous l'empire des conditions les plus anormales.

Sir William Hamilton ajoute :

« Le second degré de latence existe lorsque l'esprit contient certains systèmes de connaissance ou certaines habitudes d'action que, dans son état

1. A scientific demonstration of the Future life, par Thomas J. Hudson, p. 212.

ordinaire, il ignore absolument, mais dont, sous certaines exaltations de ses facultés, il devient conscient. L'évidence sur ce point démontre que, fréquemment, l'esprit renferme des systèmes entiers de connaissance qui, bien que tombés dans un oubli complet au cours de notre état normal, peuvent dans quelques états anormaux — tels que la folie, le délire fébrile, le somnambulisme, la catalepsie, etc. — se manifester lumineusement à notre conscience, et même repousser dans les ténèbres de l'inconscience ces autres systèmes qui les ont, pendant une assez longue période de temps, éclipsés ou même absolument éteints. Par exemple, il y a des cas où la mémoire de langues étrangères, absolument perdue, fut subitement rétablie, et — chose plus remarquable encore — le fut avec la faculté de répéter fidèlement, dans des langues connues ou inconnues, des passages que, dans son état normal, la mémoire consciente est impuissante à retenir. Ce degré, ce phénomène de latence, est certainement l'un des plus merveilleux de toute la philosophie. »

Sir William Hamilton cite quelques cas démontrant remarquablement la perfection de la mémoire subjective.

L'un et l'autre de ces philosophes étaient, consciemment ou inconsciemment, redevables à l'illustre savant suédois Swedenborg de ce que leurs aperçus contiennent de vérité. Cependant, sa théorie de la

dualité de la mémoire est plus profonde, plus philosophique, plus compréhensible qu'aucune des deux
autres.

Il dit : Aujourd'hui, on sait à peine que tout
homme a deux mémoires — l'une extérieure,
l'autre intérieure — et que l'extérieure est propre
au corps, tandis que l'intérieure ne sert qu'à
l'esprit...

Ces deux mémoires sont absolument distinctes
l'une de l'autre. A la mémoire extérieure, appropriée
à l'homme durant sa vie dans le monde, appartiennent toutes les expressions de langage, ainsi
que tous les objets dont les sens se rendent compte,
et aussi toutes les sciences qui se rapportent à
l'univers. A la mémoire intérieure appartiennent
toutes les idées de l'esprit, qui sont de vue intérieure et toutes les choses rationnelles, depuis les
idées où la pensée elle-même prend sa source.
L'homme ignore que ces choses sont distinctes l'une
de l'autre, aussi bien parce qu'il n'y réfléchit pas
que parce qu'il est uni à elles, et qu'il ne peut détacher si facilement son esprit des choses corporelles.

« Il s'ensuit de là que les hommes, pendant leur
vie matérielle, ne peuvent converser entre eux qu'à
l'aide de langages divisés en sons articulés, et qu'ils
ne peuvent se comprendre qu'à la condition de connaître ces langages ; il faut en chercher la raison
dans ce fait que cela provient de la mémoire exté-

rieure. Les esprits [1], au contraire, conversent entre eux au moyen d'un langage universel, divisé en idées provenant de leurs pensées, ce qui leur permet de s'entretenir avec chaque esprit, de quelque langue et de quelque nationalité qu'il ait été, parce que ceci est du ressort de la mémoire intérieure. Tout homme, immédiatement après la mort, devient à même de comprendre ce langage universel, car il entre en possession de sa mémoire intérieure, laquelle est appropriée à son esprit.

« Le langage des mots, ainsi expliqué, est le langage propre à l'homme et à sa mémoire corporelle ; mais un langage consistant en idées, en pensées est le discours propre aux esprits, et vraiment à la mémoire intérieure, qui est la mémoire des esprits. Les hommes ne savent pas qu'ils possèdent cette mémoire intérieure, parce que la mémoire des choses particulières ou matérielles — ou mémoire corporelle — est responsable de tout, et qu'elle obscurcit ce qui est intérieur, alors que cependant, sans cette mémoire intérieure propre à l'esprit, l'homme serait totalement incapable de penser.

» Quelles que soient les choses qu'un homme entende, voie ou qui puissent l'affecter, ces choses,

1. Spiritus inter se loquantur per linguam universalem, in ideas, quales sunt ipsius cogitationis, distinctam et sic quod conversari possint cum unâ quovis spiritu cujuscumque linguæ et nationis in mundo fuerat. — Arcana celestia, paragraphe 1772.

en tant qu'idées, motifs finals ou buts, sont intro-
duites à son insu dans sa mémoire intérieure ;
elles y demeurent, de telle sorte qu'aucune impression n'est perdue, quoique ces même choses se
soient oblitérées dans la mémoire extérieure. Donc,
la mémoire intérieure est telle, qu'elle porte inscrites
en elle — avec les plus minutieux détails — toutes
les choses particulières, même les plus particulières
qu'à aucune époque l'homme ait pensées, dites ou
faites, même celles qui ne lui ont apparu qu'indé-
cises, depuis sa plus tendre enfance jusqu'à l'âge
le plus avancé. Lorsqu'il entre dans une autre vie,
l'homme conserve en lui la mémoire de toutes ces
choses, et le souvenir de chacune d'elles lui revient
successivement. C'est le livre de sa vie(*Liber ejus
vitæ*) qui s'ouvre dans une autre existence et d'après
lequel on le jugera. Toutes les causes finales ou tous
les buts de sa vie qui restaient obscurs pour lui,
tout ce qu'il avait pensé, dit et fait, est enregistré,
jusqu'aux plus infimes détails, dans ce livre, ou,
pour mieux dire, dans la mémoire intérieure, puis
communiqué aux anges, avec une lumière aussi
claire que celle du jour, chaque fois que le Seigneur
trouve bon de le permettre. De temps à autre, ceci
m'a été démontré et prouvé par tant d'expériences
variées, qu'il ne me reste pas le moindre doute à ce
sujet [1].

1. S. T. Coleridge, se référant à une curieuse expérience
qu'il put observer à l'époque où il étudiait à Gottingen, se

« Les hommes qui, pendant leur séjour en ce monde, ont suivi les préceptes du Seigneur et se sont montrés charitables envers leur prochain, portent avec eux-mêmes et en eux-mêmes une intelligence et une sagesse angéliques, mais qui demeure cachée au plus profond de leur mémoire intérieure ; cette intelligence et cette sagesse ne peuvent, en aucune manière, leur apparaître avant qu'ils se dégagent des choses corporelles. Alors , la mémoire des détails ci-dessus nommés tombe en sommeil, et ces détails sont transmis à la mémoire intérieure, puis à la mémoire angélique elle-même [1].

livre à un commentaire qui nous autorise à supposer qu'il en était, consciemment ou inconsciemment, redevable à Swedenborg. Il dit:

« Ce fait — il me serait facile d'en citer plusieurs autres du même genre — contribue à prouver d'une manière presque certaine que, par elles-mêmes, toutes les pensées sont impérissables, et que, si l'on pouvait étendre davantage la faculté intelligente, elle n'exigerait qu'une organisation différemment répartie — le corps céleste au lieu du corps terrestre — pour amener devant chaque âme humaine l'expérience collective de tout son passé. Et ceci, peut être, constitue le livre du jugement, dont les redoutables hiéroglyphes recèlent l'enregistrement de chaque mot inutile. Oui, dans la nature même d'un esprit vivant, on admettrait plus vraisemblablement la disparition du ciel et de la terre que la perte d'une seule pensée ou d'une seule action, ou leur séparation de la chaîne vivifiante des causes avec les anneaux de laquelle, consciente ou inconsciente, la libre volonté, notre seul moi absolu, est coétendue et coprésente. »

Biographia Literaria, Œuvres de Coleridge, vol. III, p. 229.

1. L'armée française, dit le Comte La Valette, qui servait en Egypte sous Napoléon [er],ne professait aucun sentiment

« C'était faire preuve d'ignorance que de croire que, dans une autre vie, nous perdions de notre intelligence, parce que nous ne nous servons pas de notre mémoire corporelle, alors qu'à la vérité, notre esprit s'élève vers les choses célestes et spirituelles, à mesure et dans les mêmes proportions qu'il se retire des choses sensuelles et physiques [1].

« Par une clémence spéciale, quelques personnes sont préparées pour le ciel par un sommeil profond et par des rêves qui les tourmentent pendant le sommeil [2].

« D'autres ont aimé le monde ; mais elles sont maintenues dans un état de sommeil jusqu'à ce que l'amour du monde ait été apaisé [3]. »

« Lorsque les choses corporelles et volontaires sont au repos, Dieu travaille en nous [4]. »

Nous trouvons dans les passages cités ci-dessus la démonstration des propositions suivantes :

Premièrement. — Il existe dans l'homme deux fonctions mnémoniques, distinctes l'une de l'autre :

religieux. « La Valette raconte la curieuse histoire d'un officier français, embarqué avec lui sur un navire près de sombrer. L'officier récita le *Pater* sans en omettre une syllabe. Le danger passé, il eut honte de son acte et s'en excusa ainsi : j'ai trente-huit ans, et je n'ai plus prié depuis l'âge de six ans. Je ne puis comprendre comment cette prière m'est montée aux lèvres, car je déclare qu'en ce moment, il me serait impossible de me souvenir d'un seul des mots qui la composent. »

1. Arcana Cœlestia, vol. 1, §§ 2469-2479.
2. Spiritual Diary, 427.
3. Spiritual Diary, 4199.
4. Arcana Cœlestia, 933.

l'une qui enregistre toutes nos pensées et toutes
nos actions se rapportant à notre vie extérieure et
phénoménale en ce monde ; l'autre qui ne se contente pas d'enregistrer les événements, mais qui
consigne également la qualité morale, le but final
en vue desquels ces pensées ou ces actions s'étaient
manifestées.

Secondement. — Tandis que quelques-unes des
impressions produites sur la mémoire extérieure
finissent par s'effacer, toutes celles qui sont gravées
dans la mémoire intérieure persistent jusque dans
leurs plus infimes détails et dans leurs nuances les
moins accusées, et cela depuis notre plus tendre
enfance, et elles restent absolument impérissables.

Troisièmement. — Comme il ne peut y avoir
dans le monde spirituel, de restrictions de temps,
d'espace ou de sens, toute communication existe,
non pas par un langage de mots, comme dans le
monde phénoménal, mais par les idées qu'expri-
ment ou représentent ces phénomènes; et, comme
les idées ne sont pas sujettes aux limitations de
temps, d'espace ou de sens, le but ou la cause finale
de nos pensées ou de nos actes nous laissent seuls
une impression permanente, de même que la page
imprimée ne laisse subsister dans l'esprit du lecteur que le récit ou la pensée. « Les actions ne valent que par les pensées, de même que les pensées
ne valent que par les fins vers lesquelles elles tendent. »

Quatrièmement. — A mesure que l'homme se débarrasse des « choses corporelles », et qu'il s'affranchit de sa servitude matérielle, sensuelle, terrestre, il s'éveille à la perception de l'intelligence et de la sagesse qui s'agitent dans sa mémoire intérieure.

D'après ce que nous prétendons savoir de notre propre expérience et de l'observation des phénomènes du sommeil, et aussi d'après ce que nous sommes obligés de déduire des enseignements des Écritures saintes de toutes les sectes et de toutes les nations, il paraît impossible de ne pas conclure que le but final de notre création et de notre existence, de notre *esse* et de notre *existere* se développe également pendant notre sommeil et pendant nos heures de veille ; qu'un travail se fait , qu'une opération se poursuit en nous, pendant ces heures de sommeil, opération qui ne se fait et ne peut se faire aussi parfaitement à aucun autre moment, en admettant même qu'elle se fasse ; que, spirituellement, nous croissons, nous nous développons, nous mûrissons avec plus de continuité, lorsque nous sommes soustraits aux influences troublantes du monde phénoménal, que pendant le temps où nous subissons ces influences, d'après le langage du philosophe païen : « la nuit se fait pour le corps, alors que le jour se lève pour l'âme. » Notre vie phénoménale nous offre des leçons spécifiques : pourquoi la vie de notre âme ne nous en offrirait-elle pas aussi ? Pourquoi douterions-nous que, pendant notre sommeil,

Dieu « ouvre les oreilles des hommes et met le sceau
à ses instructions, afin de les détourner du mal et
de les préserver de l'orgueil », et « afin de préserver
leur âme du précipice ». Tout ce que nous savons
du sommeil et de ses effets sur le caractère de
l'homme ne contribue-t-il pas à confirmer chaque
ligne et chaque mot de cette déclaration parfaitement définie, sans réserve et péremptoire, de l'ami
compatissant de Job ? S'il existe un précepte de
notre foi religieuse qui soit recommandé fréquemment à notre observation par l'Église chrétienne,
c'est bien celui qui montre la nécessité de « vaincre
le monde. » On appelle le démon le prince de ce
monde. Satan s'en vanta à Jésus. Le « monde » est
synonyme de toutes sortes de vices et de plaisirs
sensuels, ainsi que de toute excessive avidité de
richesses, de dignités et d'honneurs. Vaincre le
monde, s'élever au-dessus de ses tentations, de
façon qu'elles ne puissent corrompre notre vie ou
aveugler notre jugement, tels sont les préceptes
proposés par l'Église chrétienne, de même que par
les sectes païennes les plus éclairées, comme le but
suprême vers lequel doit tendre notre vie. Le sommeil n'a-t-il pas précisément pour fonction de nous
donner, pendant une portion de chaque jour de notre
vie, un répit des influences mondaines qui, sans lui,
nous priveraient de l'instruction et de la force
spirituelles nécessaires pour nous rendre capables
de tirer le meilleur parti de nos expériences terres-

tres éprouvées à l'état de veille, sans nous laisser dominer par elles ? C'est au cours du sommeil que les projets et les ambitions de notre existence extérieure et mondaine cessent de troubler la manifestation de la vie divine en nous. Et, dans ces heures-là, ne pouvons-nous pas être, n'est-il pas plus que probable que nous soyons, dans la société de « ces esprits au service de Dieu qui, selon saint Paul, sont envoyés pour exercer un ministère en faveur de ceux qui doivent hériter du salut. »

La distinction morale entre les animaux inférieurs et l'homme se trouve victorieusement démontrée par leur façon différente de dormir. L'homme, ordinairement, sort très lentement d'un long sommeil ; pendant quelque temps, il ignore où il est ; il paraît être plus ou moins ébloui et fort mécontent du changement qui vient de s'opérer en lui. Il se sent disposé à agir tout d'abord comme s'il regrettait de quitter un lieu ou une société agréable. Ainisi que l'a dit Charles Lamb : « Il désire rester couché plus longtemps pour mieux digérer ses rêves. »

Un chien endormi percevra un bruit que son maître, quoique éveillé à ses côtés, n'entendra pas ; et il faut au chien une seconde à peine pour reprendre la pleine possession de ses facultés, tout comme s'il n'avait pas dormi. Il ne trahit pas le moindre regret d'avoir abandonné une société charmante ou une occupation agréable. Et pourquoi l'aurait-il

témoigné, ce regret ? Eveillé, il n'éprouve aucune
affection pour ses semblables, auxquels il n'aban•
donnerait même pas un os inutile.

N'est-ce pas précisément ce que nous devons
attendre de la différence physique entre le chien
et l'homme ? Et ne sommes-nous pas autorisés à
conclure que, pendant le sommeil de l'homme, sa
condition et ses associations diffèrent autant de
celles du chien que lorsqu'ils sont éveillés tous les
deux ?

CHAPITRE X

DORMIR, C'EST MOURIR PÉRIODIQUEMENT. — LA
VIE EST EN DIEU SEUL. — TOUTES LES CAUSES
SONT SPIRITUELLES. — TOUS LES PHÉNOMÈNES
SONT DES RÉSULTATS. — LE RÊVE DE SCIPION. —
LA MORT ET LE SOMMEIL SONT JUMEAUX. — LA
« NUIT » D'HENRI VAUGHAN.

Ayant, je crois, fait naître tout au moins la
forte présomption qu'une chose d'une importance
suprême s'opère en nous pendant notre sommeil,
que cette chose concerne notre éducation et notre
développement spirituels, et que cette façon de
voir est admise par quelques-uns des plus éminents
penseurs de tous les âges, ne pouvons-nous pas
pénétrer un peu plus avant dans les mystères de
ces œuvres sacrées ?

Nous sommes en droit de dire que les éléments
constitutifs de tout être humain sont, soit matériels, soit spirituels ; qu'ils sont soit corps, soit
âme. Personne ne possède un attribut ou une qualité
qui ne se range sous l'une ou l'autre de ces rubriques.
On ne saurait discuter non plus l'inertie de la
matière, son incapacité à créer ou à arrêter un mouvement, l'impossibilité soit d'augmenter, soit de
diminuer sa masse. On peut changer sa forme ou

son ordre, mais pas sa quantité. C'est pour cette
raison qu'elle ne possède point de vie propre, quoique semblable à une maison ou à un vêtement,
elle puisse être l'habitation de la vie, de ce que
nous appelons l'âme ou l'esprit.

Lorsque la saison arrive, l'arbre laisse tomber
ses fruits et ses feuilles, mais ni l'arbre, ni la feuille,
ni le fruit ne meurent ; ils passent tout simplement
sous une forme nouvelle de la vie, ce qui, nous le
présumons, se produit également pour l homme,
quand son cœur cesse de battre. Cette habitation
revient à ses éléments primitifs ou à une autre
forme, sans que ce changement l'augmente ou la
diminue en quantité. Pour employer le langage
de Juvénal :

« Mors sola fatetur,
Quantula sint hominum corpuscula. »

Mais que devient le locataire ? Nous ne savons
et nous ne pouvons rien concevoir de plausible sur
ce qui est survenu à l'âme, en dehors de la supposition qu'elle a été émancipée de la contrainte résultant de son emprisonnement, et qu'elle a reconquis
la faculté de faire, d'être ou de devenir ce pour quoi
elle était préparée pendant sa détention terrestre.

L'esprit constituait tout ce qu'il y avait ou pouvait y avoir de substantiel pour l'homme. Il possédait ou représentait tout ce que l'homme avait de
vie ou tout ce qu'il connaissait d'elle. Il était tout
ce qui existait ou tout ce qui est du *moi*.

« Il n'est pas de si petite étoile que tu contemples
Qui, dans son mouvement, ne chante comme un
[ange,
Dont les chœurs bercent les jeunes chérubins :
C'est aussi l'harmonie des âmes immortelles ;
Mais, pendant que notre enveloppe boueuse et
[périssable
Nous enveloppe grossièrement, nous ne pouvons
[l'entendre [1]. »

Milton décrit ainsi la mort de Jésus :

« Une mort semblable au sommeil ; un doux entraînement vers la vie éternelle [2]. »

De même, lorsque Adam communiqua à Eve les conditions dans lesquelles ils allaient quitter le paradis, le poète ajoute : « Car Dieu est aussi dans le sommeil, et les rêves nous conseillent. »

Toute vie émane de notre Créateur, qui est la vie même, et nécessairement la source de toute vie — doctrine que je suis heureux d'avoir vu exprimer dogmatiquement et d'impressionnante manière par le chef de la fraction la plus nombreuse de l'Église chrétienne. Léon XIII, dans une Encyclique émise au Vatican, en novembre 1901, A. D., dit :

Dieu seul est la vie. Toute chose participe de la vie, mais n'est pas la vie. Le Christ, de toute éternité et par son essence même, est « la Vie », comme il

1. Le Marchand de Venise, acte v, scène 1.
2. Le Paradis perdu, xii, 430.

est la Vérité, parce qu'Il est le Dieu de Dieu. De
Lui, comme de sa source très sacrée, toute la vie
pénètre et pénétrera dans la création. Tout ce qui
existe provient de Lui ; tout ce qui vit vit par
Lui. Car toutes les choses sont faites par le
Verbe, et rien de ce qui a été fait n'a été fait sans
Lui. »

La même opinion sur l'origine de la vie et la
grande distinction entre les causes divines et les
causes naturelles et secondaires, Rome les entendit
prononcer, vingt siècles environ avant l'Encyclique
du Souverain Pontife, notre contemporain, et dans
des circonstances qui prêtent à cette proclamation
un intérêt tout particulier. Le monde doit à Cicéron
de l'avoir enregistrée, et à Macrobe de l'avoir
retrouvée, quinze siècles plus tard, alors qu'on la
croyait à jamais perdue. Il s'agit de l'extraordinaire vision attribuée à Publius Cornelius Scipion
le second Scipion l'Africain, au cours de son tribu-
nat militaire en Afrique, et pendant qu'il était
l'hôte de Massinissa.

Le lendemain de son arrivée, après avoir beaucoup
causé, le soir, politique et gouvernement, mais
après s'être surtout entretenu de son ancêtre, connu
sous le nom de premier Africain, Scipion se retira
pour prendre du repos. « Un sommeil plus profond
que de coutume » — ainsi qu'il le dit lui-même —
s'empara de lui. Pendant son sommeil, raconte-t-il,
Scipion l'Ancien se présenta à lui et lui prédit

maintes choses, les unes favorables, les autres
pleines de menaces

« De toi seul, ajouta l'Africain, dépendra le salut
« de ton pays; en un mot, toi seul, tu pourras, en
« qualité de dictateur, établir le gouvernement, à
« la condition toutefois d'échapper aux mains
« impies de tes parents...

« Mais, pour te rendre plus ardent à la défense
« de ton pays, apprends par moi qu'on réserve
« dans les cieux un endroit spécial où tous ceux
« qui ont secouru leur patrie, conservé ou amélioré
« son sort, jouiront d'un bonheur éternel, car il n'y
« a sur terre rien de plus agréable à la Divinité su-
« prême, qui gouverne le monde, que ces conseils et
« ces assemblées d'hommes unis ensemble par les
« liens de la loi, et que l'on appelle États; ceux qui
« dirigent ces États ou qui les secourent partent
« de ce lieu et y retournent.

« A ce moment, dit Scipion, épouvanté moins
« par la crainte de la mort que par la trahison de
« mes amis, je demandai à mon ancêtre si mon père
« Paulus, et d'autres que nous croyions morts,
« vivaient encore. « *Certainement, ils vivent,* répondit
« l'Africain, *car ils se sont échappés des entraves du*
« *corps comme d'une prison.* Ce que tu nommes la
« vie est en réalité la mort. Mais, regarde plutôt
« ton père Paulus; il s'avance vers toi. » Dès que je
« le vis, poursuit Scipion, je versai un torrent de
« larmes ; mais lui, m'embrassant, me défendit de

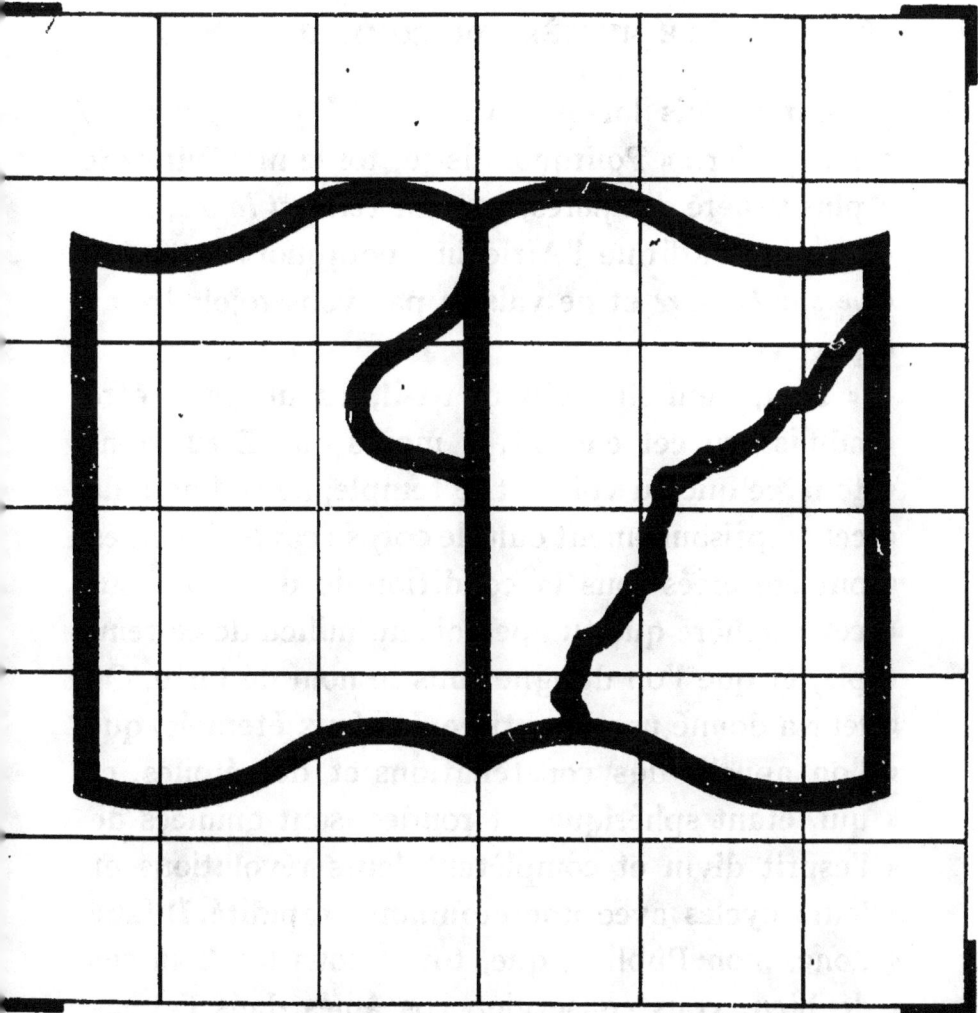

« pleurer. Puis lorsque ayant séché mes pleurs, je
« pus parler : « Pourquoi, fis-je, toi le meilleur et le
« plus vénéré des pères, *puisque cela est la vie*, ainsi
« que me l'affirme l'Africain, pourquoi *m'attardai-*
« *je sur la terre* et ne vais-je pas vous rejoindre au
« plus vite ? »

« Non, mon fils, répliqua-t-il, tu ne peux être
« admis en cet endroit, à moins que Dieu, dont
« tout ce que tu vois est le temple, ne te libère de
« cet emprisonnement dans le corps ; car les hommes
« ont été créés sous la condition de demeurer sur
« cette sphère que tu aperçois au milieu de ce tem-
« ple, et que l'on désigne sous le nom de terre. On
« leur a donné une âme tirée des feux éternels, que
« l'on appelle des constellations et des étoiles, et
« qui, étant sphériques et rondes, sont animées de
« l'esprit divin et complètent leurs révolutions et
« leurs cycles avec une étonnante rapidité. Il faut
« donc, mon Publius, que, toi et tous les hommes
« de bien, vous conserviez vos âmes dans l'enve-
« loppe de vos corps, et que, sans l'ordre de celui
« qui vous les a données, vous n'abandonniez pas la
« vie de ce monde, de peur que vous ne paraissiez
« fuir un devoir que Dieu vous a assigné. C'est pour
« cela, Scipion, que, semblable à ton grand-père
« ici présent, et à moi qui t'ai procréé, tu dois prati-
« quer la justice et la piété, lesquelles, quelque
« grandes qu'elles doivent être envers tes parents et
« tes alliés, doivent être plus grandes encore envers

« ta patrie. Une telle vie conduit aux cieux et à
« l'assemblée de ceux qui ont vécu avant toi et qui,
« après avoir été libérés de leur corps, habitent ce
« lieu que tu contemples. »

En vérité, dit le plus jeune des Scipion, puisque le
chemin des cieux s'ouvre devant ceux qui ont bien
mérité de leur pays, et quoique, depuis mon enfance,
j'aie toujours marché sur tes traces et sur celles de
mon grand-père sans ternir votre gloire, je veux
maintenant, avec une si noble récompense en pers-
pective, lutter encore avec plus d'ardeur.

*« Lutte ainsi, répond l'Africain, et considère
que ton corps seulement est mortel. Car tu n'es
pas l'être que la forme physique représente ; mais
l'âme de chaque homme est l'homme, et non pas cette
forme que l'on peut désigner du doigt. Apprends
donc que tu es une personne divine. Ce qui est d'essence divine possède seul la conscience, la sensation,
la mémoire et la prévoyance, gouverne, règle et agite
ce corps qui lui a été fixé pour demeure, précisément
comme la Divinité suprême gouverne le monde, et, de
même qu'un Dieu éternel guide ce monde, jusqu'à
un certain point périssable, un souffle éternel anime
ton faible corps.*

« Car, tout ce qui est mou
« Or, tout ce qui communique   y   n
« mouvement reçu d'ailleurs   airement
« cesser de vivre, aussitôt que   u mou
« vement. Ainsi, l'être qui se m   i-même e

« seul éternel, parce qu'il ne perd jamais ses qua-
« lités propres, et que le mouvement né en lui ne
« prend jamais fin ; de plus, c'est la source, l'ori-
« gine du mouvement de toutes choses, qui sont
« ainsi les sujettes du mouvement.

« Puisqu'il est clair que tout ce qui se meut par
« soi-même est éternel, qui pourrait nier que cette
« propriété naturelle ne soit accordée à nos esprits ?
« Car, tout ce qu'agite une impulsion étrangère est
« inanimé ; mais tout ce qui est animé reçoit le
« mouvement par une force intérieure et spéciale ;
« et en cela consiste la nature et la propriété de
« l'âme. Maintenant, si cette dernière, seule entre
« toutes les choses, crée son propre mouvement
« elle est éternelle. Sers-t'en donc pour les plus
« nobles buts ; or il n'en existe pas de plus noble
« que le salut de ton pays.

« Il disparut et je m'éveillai de mon sommeil. »

Ce récit nous arrive sous forme de rêve. Soit rêve
soit vision, soit méditation, la science ne sait rien
et ne peut rien opposer à la conception de ce païen
touchant la vie et la mort.

Rien absolument ne nous autorise à attribuer à
la vie un caractère périssable ; nous n'avons pas non
plus de raison pour supposer que tout périsse après
ce changement appelé mort, ou qu'il survienne
autre chose qu'une séparation entre l'occupant et
sa demeure — entre l'âme et sa prison matérielle.

Nous n'avons également pas plus de raison de supposer que l'esprit ou l'âme soit devenu moins qu'une âme, et que sa vie individuelle ait diminué, que nous n'en avons de croire que la matière qui le recouvrait avait diminué en quantité par suite de cette séparation. Jusqu'à une époque relativement récente, une croyance populaire admettait la destructibilité de la matière,et cette opinion prévalait même plus universellement que celle qui veut aujourd'hui que la vie soit éteinte quand l'âme quitte le corps. La science ne peut invoquer aucune preuve établissant que l'une de ces croyances est plus trompeuse que l'autre. Nous avons été envoyés en ce monde, et on nous a revêtus d'une enveloppe matérielle afin de nous mettre à même d'étudier et de comprendre les lois divines. Le monde phénoménal dans lequel nous sommes nés est une sorte de « Kindergarten » destiné à rendre ces lois divines compréhensibles à notre intelligence bornée et peu développée, et cela grâce aux opérations de ce que nous nommons la nature. C'est une étape dans notre éducation, au moment où le monde phénoménal devient pour nous une nécessité, tout comme le syllabaire ou le tableau noir le sont pour les écoliers. Lorsque, dans ce « Kindergarten », nous aurons appris toutes les leçons dont nous devons profiter, nous quitterons l'école, et alors, nous jouirons plus librement de cette vie supérieure dans laquelle le temps et l'espace ne signifient que des différences dans les conditions morales,où, comme dans cette vie, nous rechercherons l'association et la compagnie de ceux pour lesquels nous éprouvons de l'affinité.

Je reconnais que tout cela n'est que présomption, mais la charge de la preuve du contraire incombe à ceux qui essayeraient de soutenir que ces diverses conceptions n'ont pas de fondement réel.

Maintenant, après nous être débarrassés de notre enveloppe mortelle et être entrés dans le monde des esprits, en quoi notre condition diffère-t-elle du sommeil ? Dans les deux cas, notre conscience de ce monde phénoménal — de ce Kindergarten — s'est trouvée suspendue. Il est vrai que, dans le cas du sommeil, nous reprenons, tôt ou tard, conscience de nos entraves matérielles, tandis que nous ne nous réveillons jamais de la mort. Mais la différence ne consiste-t-elle pas tout simplement en ceci : dans un cas, nous laissons notre voiture à la porte, afin qu'elle nous ramène, alors que, dans l'autre, nous n'avons aucun esprit de retour — *animus revertendi ?* Ayant atteint notre but, la voiture nous est devenue inutile, et nous l'avons renvoyée.

De plus, quelle raison avons-nous de douter que, durant notre sommeil, nous ne soyons pas réellement dans la même compagnie et sous de semblables influences — sinon sous les mêmes — que celles où nous nous trouverions, si nous ne devions jamais nous réveiller ? Si nous concevons que l'abandon de notre demeure terrestre, le dépouillement de nos vêtements, la délivrance de notre prison nous prive d'une quelconque de nos qualités ou de nos attributs, il nous faut aussi admettre la théorie de l'extinction complète de notre être par cette séparation. L'esprit ou l'âme habite le corps ; mais il n'en est pas plus une partie intégrante que la chaleur engendrée par un four n'est une partie de ce four, ou que la lumière qui éclaire notre chambre n'est partie de cette chambre. Les habitants du monde spirituel sont censés ne rien connaître des limitations de temps et d'espace. Alors, il n'y a aucune raison apparente pour que nous ne puissions nous approcher d'eux ni entrer en relations avec eux, si ce n'est lorsque les distractions du monde phénoménal nous absorbent trop complètement : il n'en existe pas davantage pour présumer que notre existence dans « *l'au-delà* » différera de notre condition pendant le sommeil — avec cette seule restriction que l'une ne sera que momentanée, tandis que l'autre durera éternellement. Comme, par présomption, l'esprit est aussi libre que possible des restrictions des sens, pourquoi ne croirions-nous pas entrer immédiatement dans une existence et dans une société pareilles à celles qui nous attendent au moment où nous tomberons dans « ce sommeil dont on ne se réveille jamais » ?

Le fait de ne pouvoir pas rapporter à notre réveil plus de renseignements sur ce qui nous arrive au cours de nos sommeils passagers que nous n'en

rapporterons du monde spirituel, lorsque nous nous
endormirons à côté de nos ancêtres, donne à cette
présomption une force plus grande.

Pendant notre sommeil, nous ne possédons pas
plus de pouvoir sur les objets de ce monde phénoménal que nous n'en avons, éveillés, sur le monde
spirituel, et cependant, quand nous sommes endormis, nous conservons — et en pleine activité —
tous les pouvoirs d'action sur le monde qui nous
entoure, sauf toutefois la possibilité ou le désir de
les exercer. Pendant que cet état se poursuit, quel
autre ou quel plus grand changement pourrait se
produire en nous par la mort ?

Lorsque nous réfléchissons à l'extraordinaire
changement physiologique et physique ressenti
après une nuit de profond sommeil, à l'aide de quelle
théorie pourra-t-on expliquer ce changement d'une
façon satisfaisante et rationnelle, si ce n'est en
supposant que nous avons joui, pendant quelques
heures, de la société de ceux qui nous ont devancés
dans le monde des esprits ? Qu'y a-t-il d'improbable
en cela ? Quoi de plus conforme à la bonté divine ?
Existe-t-il rien de plus admirablement, de plus
exclusivement approprié à produire le changement
que, le matin, nous reconnaissons s'être opéré en
nous pendant notre sommeil ?

Tout ce qui précède est beaucoup plus probable
que la théorie — absurde présomption — d'un
Créateur ne pouvant nous façonner à son image

sans nous obliger à perdre un tiers de chaque jour.

Si nous tombons en syncope, si nous sommes en train de nous noyer, ou bien si l'action de notre cœur ou de nos poumons se trouve momentanément suspendue, nous pouvons, pendant des heures, pendant des semaines, rester inconscients de la vie phénoménale. Tant que dure cette suspension de la conscience d'être, il est difficile de se représenter une différence psychologique quelconque entre cet état et la mort.

Il est unanimement reconnu que, évanouis ou près de nous noyer, nous éprouvons une sensation, non pas douloureuse, mais absolument agréable, même presque céleste, et absolument exempte du chagrin et de l'inquiétude avec lesquels, éveillés, nous envisageons ordinairement l'approche de la mort.

Nous trouvons dans une pièce de vers de Sir Edwin Arnold, tirée de *Light of Asia*, une image frappante de ce que signifie la mort de notre être physique.

MORT D'ABDALLAH

Fidèles amis, mon corps est couché, je le sais,
Pâle et décoloré, et aussi froid que la neige ;
Et vous dites : « Abdallah est mort » !
Tout en pleurant sur lui.
Je puis voir tomber vos larmes,
Je puis entendre vos soupirs et vos prières ;

Cependant je souris,et je vous murmure ceci :
« Je ne suis pas la chose que vous embrassez !
Cessez de pleurer et laissez-la demeurer étendue ;
Elle m'appartenait — mais elle n'était pas moi. »

Doux amis, ce que les femmes baignent
Pour le dernier sommeil du tombeau,
C'est la hutte que j'abandonne,
Le vêtement qui ne me va plus,
La cage de laquelle enfin,
Tel un oiseau, mon âme s'est envolée.
Aimez l'habitant, et non pas la chambre ;
(Aimez) Celui qui porte le vêtement, et non pas le
       [vêtement lui-même · — la plume
De l'aigle et non pas les barreaux
Qui le tiennent éloigné des resplendissantes étoiles.

Tendres amis, oh ! levez-vous et séchez
Aussitôt vos yeux remplis de larmes : .
Ce que vous déposerez dans le cercueil
Ne vaut pas un seul pleur.
C'est un coquillage vide, duquel
On a extrait la perle.
La coque est brisée — elle gît là ;
La perle, le tout, l'âme est ici ! »

Si cette ressemblance du sommeil avec la mort paraissait chimérique à quelques-uns, je leur répondrais que les enseignements de la Bible sur ce sujet doivent également leur paraître tels. Dans l'Histoire sainte, les mots « mort et sommeil » sont pris fréquemment — je pourrais presque dire toujours — pour synonymes.

Parmi les nombreux miracles qui signalèrent la mort de Jésus sur la croix, nous lisons : « Les tombeaux s'ouvrirent et plusieurs corps de saints, *endormis* depuis longtemps, ressuscitèrent[1]. »

Saint Paul, dans sa première lettre aux Corinthiens, s'exprime ainsi :

« Je vous ai enseigné avant tout ce que j'avais aussi reçu : que le Christ mourut pour nos péchés, selon les Écritures ; qu'il fut enseveli, et qu'il ressuscita le troisième jour, selon les Écritures, et qu'il apparut à Céphas, puis aux douze ; ensuite, qu'il apparut à plus de cinq cents de nos frères à la fois, dont la plupart sont encore vivants, et dont quelques-uns se *sont endormis*[2]. »

Dans la même lettre, saint Paul ajoute :

« Car, si les morts ne ressuscitent point, Christ non plus n'est pas ressuscité. Et, si Christ n'est pas ressuscité, votre foi est vaine; vous êtes encore dans vos péchés, et, par conséquent aussi, ceux qui sont *endormis* en Christ sont perdus. Si c'est en cette vie seulement que nous espérons en Christ, nous sommes les plus malheureux de tous les hommes. Mais, maintenant, Christ est ressuscité des morts; il est les prémices de ceux qui *dorment.*

1. Math., XXVII, 52.
2. Corinthiens, XV, 3-7.

Quand on lapida Etienne à cause de sa fidélité à Jésus, on raconte qu'il s'agenouilla et qu'il s'écria à haute voix : «Seigneur, ne leur imputez pas ce péché. Et, après ces paroles, il *tomba endormi.* » — Nous ne sommes pas autrement autorisés à dire qu'il mourut.

Saint Paul, au treizième verset du quatrième chapitre de sa lettre aux Thessaloniens, dit :

« Nous ne voulons pas, frères, que vous soyez dans l'ignorance au sujet de ceux qui *sont endormis,* afin que vous ne vous affligiez pas comme les autres qui n'ont point d'espérance. Car, si nous croyons que Jésus est mort et qu'il est ressuscité, croyons aussi que Dieu ramènera, par Jésus et avec lui, ceux qui se sont *endormis.* »

Au neuvième verset du cinquième chapitre de la même lettre, saint Paul ajoute :

» Car Dieu ne nous a pas destinés à la colère, mais à l'acquisition du salut par N.-S. Jésus-Christ, qui est mort pour nous, afin que, *soit que nous veillions, soit que nous dormions, nous vivions ensemble avec lui.*

« Sachant avant tout que, dans les derniers jours, il viendra des moqueurs avec leurs railleries, marchant selon leurs propres convoitises, et disant : Où est la promesse de son avènement ? Car, depuis que nos pères *sont endormis,* tout demeure comme dès le commencement de la création[1].

1. 2. Pierre, III, 3.

« Or, David, après avoir en son temps servi aux desseins de Dieu, *s'est endormi* et a été réuni à ses pères[2]. »

Lorsque les sœurs de Lazare cherchaient Jésus pour lui dire que leur frère était mort, il répondit :

« Notre ami Lazare dort ; mais je vais le réveiller.» Les disciples lui dirent : S'il dort, il sera guéri »; Jésus avait parlé de la mort de Lazare, mais les disciples crurent qu'Il faisait allusion au repos que l'on prend en dormant. Alors Jésus ajouta : « Lazare est mort ! »

Nous trouvons dans ces citations que Jésus désignait sous le nom de sommeil cette séparation de l'âme avec le corps, que les disciples, eux, appelaient mort ; et ce ne fut que quand les disciples montrèrent qu'ils se méprenaient au sens des paroles de leur Maître que celui-ci dit : « Lazare est mort ».

Les frères de Lazare disaient qu'il était mort, et Jésus qu'il dormait. Ne disaient-ils pas tous la vérité ?

Sa famille avait tenu pour morte la fille de Jaïr et « Pourquoi tout ce bruit et pourquoi pleurez-vous ? » dit Jésus, en réponse à un message du père. » L'enfant n'est pas morte, *elle dort* seulement. Et ils se moquaient de lui. Alors, ayant fait sortir tout le monde, il prit avec lui le père et la mère de l'enfant et ceux qui l'avaient accompagné, et il entra là où était l'enfant. Il la saisit par la main et lui dit :«Tali-

2. Actes XIII, 36.

tha cumi », ce qui signifie : Jeune fille, lève-toi, je te
le dis ! « Aussitôt la jeune fille se leva et se mit à
marcher, car elle avait douze ans[1].»

Et encore dans Les Rois, l. 21 :

« Et, lorsque le Roi, mon Seigneur, sera couché
avec ses pères, il arrivera que moi et mon fils Salomon, nous serons traités comme des coupables. »

Des témoignages séculaires et profanes aident à
montrer combien l'esprit populaire de tous les âges
confondit généralement les conditions du sommeil
avec celles de la mort.

Les anciens philosophes de la Grèce et de Rome
crurent communément que les causes du sommeil et
de la mort étaient identiques. Comme à deux frères, ils
leur assignèrent une place dans leur Panthéon.
Les Epicuriens, les Stoïciens, aussi bien que Platon
lui-même, considéraient le sommeil comme une
mort suivie de résurrection. « *Latet mens oppressa
somno* », dit Lactance, « *tanquam ignis obducto
cinere sopitus, quem si paulatim commoveris, rursus
ardescit et quasi evigilabat.*

Lucrèce appuie sur la même idée à l'aide de la
même métaphore[2] :

« Cinere ut multa latet obrutus ignis,
Unde reconflari sensus per membra repente
Possit, ut ex igni Cæco consurgere flamma. »

—————

1. Marc, V. 39 ; voyez aussi : Actes, IX, 00 ; XII, 6 ; Canti-
ques, V, 2 ; Osée, XII 10 ; Jérémie XXXI, 26 ; Jean, XI, 11.

2. De rerum natura, livre IV.

En décrivant les inscriptions d'une caisse ou cypsèle, Pausanias dit :

« De l'autre côté de la caisse, et en commençant par la gauche, on voit une femme tenant, dans sa main droite, un jeune enfant blanc endormi, et dans la gauche, un autre enfant noir également endormi, mais dont les pieds sont déformés. Les inscriptions expliquent — ce que l'on pourrait déduire sans elles — que ces jeunes enfants représentent la Mort et le Sommeil, et que la femme qui les garde est la Nuit [2]. »

De même, dans l'Illiade, lorsque Junon aux grands yeux adresse des remontrances « au redoutable fils de Saturne » pour vouloir délivrer

« Du sort commun de la mort un homme, Sarpédon, condamné depuis longtemps par le Destin », elle lui proposa finalement une alternative, qui fut acceptée :

« Cependant, s'il t'est si cher et si tu le plains, qu'il
« soit vaincu par Menœtiades en combat mortel »
« et, lorsque le souffle de la vie aura abandonné
« son corps, ordonne à *la mort et au doux sommeil*
« de l'emporter d'ici pour le conduire dans le vaste
« royaume de Lycie. Là, ses amis et ses frères célé-
« breront les rites funèbres ; ils lui bâtiront un
« tombeau et lui érigeront une colonne — honneurs
« qui conviennent aux morts. »

2. Pausanias, livre V, ch. 18.

Lorsque Patrocle eut tué Sarpédon, Jupiter parla ainsi à Phœbus :

« Va maintenant, bien-aimé Phœbus, et retire
« Sarpédon des armes de ses adversaires ; purifie le
« sang coagulé et amène ici son cadavre ; lave-le
« dans le fleuve et verse sur lui de l'ambroisie.
« Recouvre-le des vêtements du ciel, confie-le au
« *Sommeil et à la Mort, ces jumeaux*, rapides por-
« teurs des morts. Ils le coucheront dans les champs
« de Lycie, ce vaste et opulent royaume, etc.... »

Apollon obéit aussitôt à son père, se transporta sur le champ de bataille et enleva le corps de Sarpédon.

« Il le lava dans le fleuve et versa sur lui de l'ambroisie. Il le couvrit ensuite des vêtements du ciel, et le confia au Sommeil et à la Mort, frères jumeaux et porteurs des défunts. Alors, ceux-ci, se chargeant rapidement du cadavre, le déposèrent dans le vaste et opulent royaume de Lycie[1]. »

Deux fois ici, on désigne le Sommeil et la Mort par le nom de frères ; une troisième fois, on leur donne simultanément la même commission, ce qui implique l'idée d'une égalité de fonctions.

En parlant de l'Age d'or ou période Édénique, Hésiode, le père de la poésie grecque dit :

« Exempts de soucis, à part leurs travaux et leurs peines, ils vivaient comme des dieux ; la misérable

1. L'Illiade, Homère.

vieillesse ne les menaçait pas, et ils mouraient pour ainsi dire vaincus par le Sommeil. »

Selon Cicéron, Xénophon représente Cyrus, roi de Perse, adressant de son lit de mort les paroles suivantes à ses enfants :

« Ne croyez pas, mes chers enfants, lorsque je vous aurai quittés, que je ne sois nulle part, ni que je ne sois plus. Tandis que je me trouvais au milieu de vous, vous ne voyiez pas mon âme ; vous aviez seulement compris, par mes actions, que j'en avais une animant mon corps. Je n'ai jamais pu me persuader que des âmes, vivantes tant qu'elles habitent des corps mortels, meurent quand elles les abandonnent. Je ne puis croire qu'en quittant des corps essentiellement dénués de toute intelligence, elles perdent aussi la leur. Lorsque la mort désagrège le corps humain, nous voyons clairement ce qu'en deviennent les parties essentielles : elles retournent apparemment aux divers éléments dont elles étaient composées ; mais l'âme continue à rester invisible, pendant qu'elle est présente dans le corps et lorsqu'elle le quitte.

« Vous savez, mes enfants, que *rien ne ressemble plus à la mort que le sommeil*, et le sommeil des âmes en proclame supérieurement la divinité ; car nombre d'entre elles prévoient l'avenir, et laissent voir ce qu'elles deviendront lorsqu'elles seront libérées de la prison du corps [1]. »

1. Cicéron, de Senectute, ch. XXII.

Sir Thomas Brown [1], un des médecins es plus distingués de son temps, trouvait si peu de différence entre le sommeil et la mort, qu'il n'osait se coucher le soir sans dire ses prières et s'entretenir un moment avec Dieu. Il écrit :

« Pendant le sommeil, nous sommes un peu plus que nous-mêmes, et le sommeil du corps semble n'être que la veillée de l'âme. C'est le litige des sens, mais la liberté de la raison, et nos conceptions de veille n'égalent pas les fantaisies de notre sommeil. Je ne suis ni facétieux ni porté à la gaîté et à l'enjouement de la société. Cependant, au cours d'un rêve, je puis composer toute une comédie, voir l'action, en saisir les bon mots et rire des idées plaisantes qu'elle contient, au point de me réveiller Si, dans ces moments-là, la fidélité de ma mémoire égalait sa fertilité, je n'étudierais jamais que dans mes rêves, et je choisirais ce temps-là pour faire mes dévotions ; mais nos mémoires grossières ont alors si peu d'action sur nos intelligences, qu'elles oublient à peu près tout et qu'elles ne peuvent répéter à nos âmes éveillées qu'un récit confus et partiel de ce qui s'est passé...

. . . .

« Aussi observe-t-on qu'à l'heure de leur mort, les hommes tiennent quelquefois des propos et des raisonnements au-dessus de leurs facultés intellectuelles. C'est qu'alors l'âme, commençant à se

1. Thomas Brown, né en 1605, mort en 1682.

détacher des liens du corps, se met à raisonner comme elle-même et à discourir autrement que ce qui est mortel.

« Nous appelons le sommeil une mort, et cependant, c'est la veille qui nous tue et qui détruit ces esprits, demeures de la vie. *C'est une des parties de la vie qui exprime le mieux la mort.*

. . . .

« On peut dire littéralement que nous mourons tous les jours de cette mort — une mort dont Adam périt avant de devenir mortel, une mort qui nous fait passer par un état moyen entre la vie et la mort, et tellement semblable à cette dernière condition, que je n'ose m'y confier sans prières préalables, sans un demi-adieu au monde et sans m'y être préparé par un entretien avec le Seigneur [1] ».

Nous possédons les lignes suivantes, dans lesquelles le même médecin très distingué affirme plus clairement encore, si possible, l'identité des deux états de veille et de sommeil [2] :

Le Sommeil est une mort...Oh laisse-moi éprouver,
En dormant, ce que c'est que la mort,
Et laisse reposer aussi doucement ma tête,
Dans mon tombeau, qu'elle repose maintenant
[sur mon lit.
De quelque façon que je repose, Dieu grand,
[permets

1. Sir Thomas Brow. Religio Medeci.
2. Evening Hymn, de Sir Th. Brown.

Que je me réveille au moins avec Toi ;
Ainsi rassuré, je me couche avec confiance,
Soit pour me réveiller, soit pour mourir.
Ce sont mes jours d'assoupissement. En vain,
Je me réveille maintenant pour dormir de nou-
                                    [veau :
Oh ! que vienne cette heure où je ne me rendormi-
                                    [rai jamais,
Mais où je veillerai éternellement. »

En écrivant ces vers, Sir Thomas devait se souvenir des paroles suivantes d'Heinrich Meibon,
poète autrichien, qui mourut alors que Brown
n'avait que vingt ans :

« Alma quies optata veni ; nam sic sine vita
Vivere quam suave est, sic sine morte mori. [1] »

En essayant de réconcilier un de ses héros avec
la mort à laquelle on l'a condamné, Shakespeare
lui fait dire :

« Ton meilleur repos est le sommeil,
Et tu le provoques souvent, bien que tu redoutes la
                                    [mort,
« *Qui n'est pas davantage.* [2] »

Henry Vaughan, précurseur de Wordsworth
comme interprète des aspects mystiques et sym-
boliques de la nature, semble avoir prévu, dans ses

1. Viens, pur sommeil désiré ;
   Combien n'est-il pas doux de vivre ainsi sans vie
   Et de mourir sans mort.
2. Mesure pour mesure, Acte III. sc. 1.

vers « La Veillée du Matin » et dans ceux de « La Nuit » — dont je vais citer quelque-uns — tout ce que j'ai tenté de démontrer dans ces pages touchant le but providentiel du sommeil.

> « Chère nuit ! *défaite de ce monde,*
> *Obstacle des fous affairés, échec et frein du*
> [*souci,*
> *Jour des esprits, retraite calme de mon âme*
> Que personne ne vient troubler [1] !
> *Progrès du Christ* auquel on adresse des prières,
> Heures où le ciel résonne...
>
> Passage silencieux et scrutateur de Dieu :
> Lorsque le front de mon Seigneur est baigné d'hu-
> [midité, et que tous
> Ses cheveux sont humides des gouttes limpides de
> [la nuit,
> Toi, son appel tranquille et doux,
> *Toi, le temps qu'il choisit pour frapper, muette*
> [*veillée de l'âme,*
> *Où les esprits recherchent leurs nobles semblables.*
>
> Si mes bruyants et mauvais jours étaient
> Calmes et sans fantômes comme sous *ton*
> [*voile sombre,*
> Dont la paix n'est troublée que par l'aile ou la voix
> De quelque ange,
> Alors, je resterais toute l'année dans le ciel,
> Et je n'errerais jamais ici.

1. St. Marc I. 35.

Mais, vivant dans un endroit où le soleil
Eveille toutes choses, où tous se fréquentent
Et se lassent les uns les autres, je cours
A tous les bourbiers.
Et, *guidé par la mauvaise lumière de ce monde,*
J'erre plus que je ne puis le faire dans la nuit.

CHAPITRE XI

« Quiconque dira : « Tu es un fou », encourra le feu de l'enfer. »

Si j'ai été assez heureux pour condiure jusqu'ici quelques-uns de mes lecteurs, j'espère qu'ils seront disposés à convenir que toute suspension, même partielle, de notre notion de l'existence, affaiblit à un degré correspondant notre asservissement au monde phénoménal ou matériel, et que, d'un autre côté, l'homme qui se permet de s'intéresser trop et pour trop longtemps à une occupation ou à un sujet mondain quel qu'il soit, s'expose tôt ou tard à déséquilibrer son esprit et à faire d'abord un détraqué puis finalement un aliéné.

Ceci nous invite à envisager quelques-uns des effets produits par des interruptions fortuites de courants dans nos pensées ou par des diversions au cours desquelles notre esprit se détache des intérêts terrestres, qui deviennent parfois absorbants à ce point qu'ils menacent notre liberté spirituelle.

Il arrive rarement que l'on se prenne à considérer combien ces interruptions sont nombreuses et providentielles, et combien heureusement elles complètent les fonctions du sommeil, d'institution divine.

Que de soucis d'intérieur et de famille, que de fautes commises par nos enfants, d'injustices commises par la société, que d'interruptions sans nombre constituant la trame dans la chaîne de vie de tout homme, nous sont providentiellement imposées, comme le sommeil, pour diminuer l'excessive dépendance dans laquelle nous tient le monde! Nous traitons la plupart de ces choses de quantités négligeables ; d'autres soulèvent nos murmures et souvent nos plaintes amères, nous faisant songer au suicide, et jamais nous ne sommes amenés à songer qu'elles pourraient être, qu'elles sont, au contraire, des messagères de miséricorde — des sabbats supplémentaires de destinée divine.

Une idée, corroborée par d'innombrables proverbes, a prévalu. La voici : Tout le temps de nos heures de veille que nous n'employons pas à la poursuite de ce qu'on appelle génériquement les affaires, est du temps perdu ; tout homme qui ne travaille pas à une œuvre terrestre en vue d'un but terrestre n'est qu'un paresseux, et un paresseux n'est à son tour qu'un fainéant, inutile à la société qui, si notre race se montrait aussi avisée que celle des abeilles, serait expulsé de son sein.

En règle générale, ceci n'est qu'une grande erreur. L'homme » qui reste assis silencieux « — pour emprunter une expression de la Société des Amis (les Quakers) — peut certainement avoir un grand avantage sur l'homme occupé ; car, s'il ne fait pas le meilleur usage possible de son temps, il est moins sujet à devenir l'esclave des exigences terrestres que l'homme voué aux affaires. Son esprit se trouve plus ouvert et plus accessible aux impressions spirituelles ou, si l'on préfère, il est moins sujet, que l'homme qui se livre davantage au monde, aux préoccupations d'ordre égoïste et terrestre.

Cette pensée de Milton : « Celui-là sert aussi, qui se tient simplement debout et attend », nous frappe par son originalité et nous surprend, alors qu'elle devrait nous sembler le plus complet des lieux communs.

Mais dans ce siècle d'activité dévorante, combien peu de gens prennent réellement le temps d' « attendre », d'écouter les voix faibles et paisibles, de réfléchir, de rêver ! Au lieu de penser eux-mêmes, ils laissent penser pour eux la presse, la place publique, voire même la place du marché !

Rien n'appauvrit plus l'esprit de l'homme que de ne point se donner le temps de rêver ou de ne se nourrir habituellement — sinon exclusivement — que des pensées d'autrui, au lieu des siennes propres. Sous ce rapport, les enfants l'emportent sur les adultes, parce que le monde n'a pas encore réduit leur imagination à son stupéfiant esclavage. Le plus grand des auteurs satiriques romains nous dépeint l'homme oubliant les fins de la vie dans sa recherche des moyens d'existence. Il se croit la source et le propriétaire du pouvoir qu'il exerce, et

il estime que « le royaume de la puissance et de la
gloire » lui appartient, à lui, et non pas à son
Créateur.

Ses frères appelaient Joseph un rêveur. Or ces
frères étaient les dignes précurseurs de la société
moderne, qui essaye constamment de porter des
mains violentes sur nos facultés, parce que nous
rêvons, nous attendons et nous pensons. De toutes
les sœurs de Lazare, celle pour laquelle l'époque
actuelle éprouve le plus de sympathie se nomme
Marthe, qui était soigneuse et bonne ménagère ;
mais Jésus avait d'excellentes raisons pour lui
préférer Marie.

Nous ne savons jamais pourquoi il pleut dès
que nous nous mettons en route pour une partie
de campagne ; pourquoi un de nos enfants tombe
malade dès que nous projetons d'entreprendre un
voyage ; pourquoi l'annonce d'une mort dans notre
famille nous empêche d'assister à un dîner ou à un
bal, auxquels nous tenions beaucoup ; pourquoi la
banque où nous avions déposé nos fonds fait faillite.
Encore moins savons-nous quels malheurs nous ont
été épargnés. Nous ne devrions jamais oublier
qu'aucun de nos désappointements n'est fortuit, ni
que l'un des plus évidents et des plus constants
avantages que nous en retirons est le même que
celui que nous procure le sommeil, celui-ci agissant,
il est vrai, dans une mesure infiniment plus importante ; même la maladie la plus usuelle et la plus

puissante désorganisatrice des projets humains est,
dans la plupart des cas, le résultat des exigences
terrestres ; mais elle en est aussi le remède le plus
efficace.

En 1841, lorsque Jouffroy prit, pour cause de
maladie, congé de ses élèves du lycée Charlemagne,
il leur dit : La maladie est certainement une grâce
dont Dieu nous favorise — une sorte de retraite
spirituelle dont il nous pourvoit, afin que nous
puissions nous reconnaître, nous retrouver et habi-
tuer nos yeux à la vraie proportion des choses. »

Déterminer la condition morale d'une personne
aliénée constitue l'un des plus grands problèmes
qui viennent embarrasser les psychologues. La
condition d'un homme qui attache une importance
disproportionnée aux privilèges et aux distinctions
de ce monde, est-elle moralement un état progressif,
passif ou rétrograde ? Si elle n'est pas progressive,
comment concilier un tel état avec cet amour qui
est censé présider à toutes les œuvres de Dieu ?

Quand on dit à Jésus que son père et sa mère
l'attendaient dehors, Il répondit : « Ne savez-vous
pas que je dois m'occuper des affaires de mon Père ? »
Jésus est toujours occupé par les affaires de son
Père ; il frappe sans cesse à la porte de chacun de
nous, essayant de fixer notre attention et attendant
une invitation pour entrer et souper avec nous.
On ne peut supposer qu'il laisse jamais, de jour ou
de nuit, un de ses enfants dans une condition où

la marche de sa régénération, but final de sa création, ne puisse progresser.

Lorsque nous cesserons d'être susceptibles de grandir spirituellement en ce monde, notre vie n'aura plus sa raison d'être.

On ne peut soupçonner que Dieu donne la vie à quoi que ce soit en ce monde, si ce n'est comme préparation à une destinée plus haute. Présumer le contraire serait supposer que l'Omnipotent et l'Omniscient peut subir une perte quelconque de son énergie. Cela n'est point supposable. De là cette conclusion forcée : si les aliénés et les faibles d'esprit ont atteint leur croissance spirituelle, il est aussi oiseux de supposer leur Créateur continuant à les pourvoir de son souffle de vie, qu'il le serait de croire qu'il continuerait à envoyer de la sève dans un arbre mort. On ne peut présumer que la vie persiste une heure de plus chez une personne ne possédant plus la faculté de choisir entre le bien et le mal, et n'étant plus capable de se voir transformée dans une image de son Créateur moins imparfaite. Nous ne sommes mis au monde que pour cela — et pour cela seulement — et il n'existe aucune puissance qui veuille ou qui puisse nous retenir ici-bas une minute après la perte de cette capacité. Une logique nécessaire nous oblige donc à conclure que la grâce divine opère aussi efficacement chez le plus violent démoniaque et chez le faible d'esprit le plus endurci que chez les apôtres Paul et Jean.

L'indice le plus remarquable de la folie est l'obscurcissement plus ou moins complet que subit la victime dans sa faculté d'apprécier une ou plusieurs des lois familières qui gouvernent le monde phénoménal. Elle semble vivre — au moins une partie du temps — dans un monde absolument différent de celui où s'agitent autour de lui les gens sensés. Elle arrive à devenir pour elle-même une personne ou un objet entièrement différent de ce qu'elle paraît être pour les autres.

Charles Lamb nous dit que, pendant sa jeunesse, il fut forcé de se retirer dans un asile d'aliénés, où on le retint plusieurs mois. Dans une lettre à son ami Coleridge, écrite quelques années après sa guérison, il s'exprime ainsi :

« Plus tard, je vous amuserai par le récit, aussi fidèle que me le permettra ma mémoire, de l'étrange tournure prise par ma folie. J'y repense parfois avec une lugubre sorte d'envie ; car, tant qu'elle durait, je jouissais de nombreuses heures de bonheur parfait. Les fous seuls, Coleridge, peuvent se vanter d'avoir goûté à toutes les grandeurs et à toutes les extravagances de l'imagination. »

L'aliéné ne se trouve-t-il pas dans la condition d'une personne qui, rêvant, serait partiellement sensible et partiellement insensible au monde phénoménal ? Pendant quelque temps, il parlera de certaines choses d'une façon cohérente, mais toujours de manière à montrer que son esprit n'est que par-

tiellement sensible aux rapports de ce monde, de telle
sorte que ce qu'il dit ou fait peut avoir aussi peu
de conséquences que les souvenirs qui nous restent
ordinairement d'un rêve. Cependant, son esprit,
pendant qu'il parle sensément, est certainement
aussi actif que lorsque ses paroles sont incohérentes.
Ne peut-il pas être aussi sain d'esprit que n'importe
qui le serait en état de rêve ? Son attention ne peut-
elle pas se diviser entre deux mondes que, semblable
à celui qui rêve, il habiterait ? Lorsqu'on le déclare
fou, la compagnie au milieu de laquelle il se trouve
ne peut-elle pas être aussi réelle que toute autre ?
Pourquoi un mécanisme spécial ne travaillerait-il
pas à sa régénération avec autant de constance qu'il
en serait mis pour n'importe quel autre enfant
de Dieu ?

La démence a beaucoup de causes ; mais la plus
commune résulte d'une activité disproportionnée
de certaines qualités psychiques : ambition, avarice,
vanité, injuste appréciation de notre importance
dans la direction du monde, laquelle, soit que nous
l'ayons acquise ou que nous l'ayons héritée, développe une activité disproportionnée de certaines
émotions qui, graduellement et pareilles à nos autres
appétits, s'accroissent par ce dont elles-mêmes
sont nourries, jusqu'à ce qu'elles maîtrisent la
raison et mettent l'individu hors d'état de prendre
des précautions et d'éviter les pratiques et les habitudes que ces émotions demandent avec passion.

L'insomnie est en général, un des prodrômes de cette perte d'équilibre. Il faut attribuer directement ou indirectement à cette même cause la plupart des suicides. Mais, me demandera-t-on, où se trouve, dans de pareilles dispensations, la preuve de l'amour divin ? On répondra aisément à cette question en posant cette autre question :

Quelles conséquences aurait le fait de laisser entièrement libre une personne qui se livrerait aux excès pour satisfaire sa vanité, son ambition ou quelqu'autre appétit désordonné, si le progrès du mal ne venait à être tenu en échec par la décrépitude extérieure de certaines des facultés mêmes, qui interviennent chez l'homme normal pour maintenir l'équilibre d'une bonne santé morale sous l'influence de la raison ? Sans que cette raison elle-même soit entièrement détruite, elle n'exerce plus ses facultés directrices, et alors, sans le frein providentiel de la décrépitude des susdites facultés, l'homme ne deviendrait-il pas, par degrés, un monstre capable de tous les crimes et inaccessible à la préservation que lui peuvent fournir les influences spirituelles ?

Nous sommes tous plus ou moins familiers avec les périls auxquels nous avons providentiellement échappé à travers les désappointements et les revers de la vie. Ne sommes-nous pas tous, jusqu'à un certain point, des aliénés — des victimes d'un esprit plus ou moins déséquilibré ? Et le rétablissement de l'équilibre n'est-il pas tout simplement l'œuvre d'une régénération spirituelle poursuivie par une aide divine ? Et de ce fait qu'un aliéné n'est pas qualifié pour prendre un intérêt sensé et raisonnable au monde phénoménal, doit-on en déduire qu'il ne peut pas être rendu accessible à des influences régénératrices d'un caractère semblable à celles que nous avons supposé se produire en nous, tandis que nous cessons d'être conscients pendant notre sommeil ?

Personne n'a jamais osé se moquer de la remarque de Dryden que « les grands esprits confinent certainement à la folie ». En se reportant aux biographies des hommes de génie, on peut aisément se persuader qu'il faut prendre absolument au sérieux cette parole du poète.

Lucrèce et le Tasse, les plus grands poètes, le premier, de l'Italie ancienne, le second de l'Italie moderne, ont écrit l'un et l'autre, au cours d'intervalles lucides, les œuvres qui les ont rendus célèbres à travers les siècles. Selon saint Jérôme, le premier mourut de sa propre main à l'âge relativement peu avancé de quarante-quatre ans.

Comme Socrate, le Tasse croyait avoir un esprit familier ou un génie qui se plaisait à causer avec lui, et qui lui apprenait une foule de choses dont on n'avait encore jamais entendu parler.

César était épileptique et sujet à des désordres cérébraux. Charles V également ; il abandonna son trône et se réfugia dans un monastère, où il fit célébrer ses funérailles en sa présence — deux faits qui prouvent, entre beaucoup d'autres, le déséquilibrement de son esprit. Sa mère était folle, et son grand-père, Ferdinand d'Aragon, mourut hypocondriaque à soixante-deux ans.

Linné s'éteignit dans un état de démence sénile.

Raphaël connut plus ou moins la manie du suicide.

Pascal ne pouvait voir ensemble son père et sa mère, quoiqu'il fût très heureux de les entretenir séparément ; la vue de l'eau lui causait un déplaisir inouï.

Pendant ses dernières années, Walter Scott fut en proie à des visions qui décelaient un esprit détraqué.

Michel-Ange voulut se laisser mourir de faim et ne dut son salut qu'à l'intervention de son médecin.

Richelieu eut des attaques de démence. Son frère aîné se suicida ; sa sœur était également folle.

Descartes s'imaginait qu'une personne inconnue le poursuivait pour l'obliger à continuer ses investigations sur la recherche de l'absolu.

Gœthe se figurait voir sa propre image venir au devant de lui.

Cromwell avait de violentes attaques d'hypocondrie ; dès sa naissance, sa constitution fut maladive et neurasthénique.

Jean-Jacques Rousseau souffrit toute sa vie d'un détraquement cérébral, et, assez souvent

d'attaques de délire aigu et de surexcitation fu
rieuse.

Mahomet était épileptique ; il prétendait être u
envoyé de Dieu et avoir des entretiens avec l'ang
Gabriel.

Molière était neurasthénique ; tout retard, tou
empêchement apportés à l'accomplissement de se
désirs lui procuraient des convulsions.

Pendant qu'il composait son fameux *Requiem*
Mozart fut sujet à des syncopes. Il se figurait que de
messagers venaient lui annoncer sa fin prochaine
Il mourut d'une hydropisie cérébrale à l'âge de
trente-six ans.

On dit que Cuvier mourut d'une maladie de
centres nerveux. Il perdit tous ses enfants de la
fièvre cérébrale.

Condillac était somnambule.

On prétend que Bossuet perdait parfois la faculté
de parler et même celle de comprendre.

Mme de Staël s'éteignit dans un accès de délire
qui avait, dit-on, duré plusieurs mois. Elle se plaisait à rouler nerveusement entre ses doigts de petits
morceaux de papier, dont on mettait toujours une
provision sur sa cheminée. Redoutant de souffrir
du froid dans sa tombe, elle désira qu'avant de
l'ensevelir, on l'enveloppât de fourrures.

Dès son jeune âge, Swift fut bizarre ; étant un
aliéné furieux, « il portait la mort dans sa tête » ; on
l'appelait le « Curé fou ».

Shelley souffrait de somnambulisme, de rêves troublants et d'un caractère irritable et violent, que l'âge ne fit qu'empirer. On le désignait sous le nom de « Shelley le fou ».

Samuel Johnson était hypocondriaque ; il avait les hallucinations, des convulsions et redoutait de devenir aliéné.

Southey écrivit des vers à huit ans et mourut idiot.

A vingt ans, Cowper tomba dans des accès de mélancolie, qui persistèrent toute une année. Ces accès lui revinrent plus tard. Il raconte ses tentatives de suicide ; il se serait pendu si la corde à laquelle il s'attacha ne s'était rompue.

Keats était en proie à la dépression morale ; il avait les nerfs exacerbés, au point que l'éclat du soleil ou la vue d'une fleur le faisait trembler.

Burns nous apprend que, depuis son enfance, sa constitution « fut flétrie par une teinte profonde l'inconcevable mélancolie qui empoisonna son exis-ence ».

Georges Eliot éprouvait des terreurs nocturnes et « trembla de peur toute sa vie ».

En raison d'une irritabilité nerveuse générale, le Quincey abusa de l'opium.

Alfred de Musset avait des accès qui, selon Georges Sand, manifestaient un caractère nerveux voisin du délire. Il était porté au suicide. Il avait des hallucinations telles qu'il devait prier son frère de l'aider à les distinguer des choses réelles.

Carlyle montrait une extrême irritabilité, et épeignait ainsi, dans son journal, son propre cas : « Mes nerfs sont enflammés et mis en lambeaux ; mon corps et mon esprit sont torturés par les cauchemars ».

Bach et Haendel étaient tous les deux fort irritables et souffraient de troubles nerveux ; ils moururent d'apoplexie.

Dans ses dernières années, Newton devint la proie d'une mélancolie qui le priva du pouvoir de penser.

Dès son enfance, Alexandre le Grand fut atteint d'une névrose des muscles du cou et mourut à l'âge de trente-deux ans, en donnant tous les symptômes d'un violent *delirium tremens*. Son père et sa mère étaient de mœurs dissolues, et son frère était idiot.

Pope était rachitique et sujet aux hallucinations.

Lord Byron, scrofuleux, rachitique, s'imaginait qu'un esprit le visitait, d'où la surexcitation de son cerveau. Lord Dudley ne cache pas la conviction qu'il avait de la folie de Byron.

A quoi bon continuer cette énumération, qui pourrait être illimitée. Les exemples choisis prouvent suffisamment que la démence est probablement — et certainement qu'elle peut être — l'interruption providentielle des tendances pernicieuses et dégénérantes. Même avec notre conception limitée, nous pouvons nous représenter ces tendances comme se rapportant à un intérêt inégal et disproportionné pour quelques-unes de nos affaires ter-

stres, comme l'affaiblissement consécutif d'au-
es tendances destinées à être des facultés régu-
trices et compensatrices. Mais il serait impie de
upposer que ces hommes, si remarquables par leur
tilité en ce monde et dont nous avons montré
esprit déséquilibré, n'auraient pas été, jusqu'à
ur dernier jour, l'objet de l'amour et de la miséri-
orde inépuisable et persistante de Dieu. En réalité,
n'y a pas plus de raison pour supposer, dans le
as des aliénés, une telle interruption de la bonté
vine qu'il n'y en a pour la supposer dans le cas de
eux dont la conscience de vivre se trouve momen-
inément suspendue par le sommeil. De même
'au cours de notre sommeil, nous sommes tous
us ou moins anéantis, l'affaiblissement de quel-
ies-unes des qualités de ces aliénés était peut-être
écessaire pour les empêcher de continuer dans le mal
iquel ils pouvaient se trouver enclins; ils étaient
nsi rendus accessibles à des influences spirituelles
ui n'auraient jamais pu les atteindre autrement.
Qu'on ne suppose pas que les changements dont
est ici question soient physiques ou qu'ils ré-
ltent d'une cérébration morbide, ainsi que, der-
èrement, l'ont si légèrement enseigné plusieurs
ninents médecins. Nous avons contre cette théorie
nombreuses autorités médicales. « De fréquentes
topsies, dit Chauvet [1], ne révèlent aucune diffé-

1. Nouveaux Principes de Philosophie médicale, par le
. N. M. Chauvet.

rence appréciable entre le cerveau d'un aliéné et
celui d'un homme jouissant de la plénitude de toutes
ses facultés. Telle est l'affirmation de tous les médecins consciencieux, qui se sont spécialement
adonnés à l'étude des maladies mentales. »

Un aphorisme médical, au moins aussi ancien
qu'Hippocrate, prétend qu'un patient atteint
d'une maladie douloureuse perd ordinairement
conscience de ses douleurs, par le seul fait qu'il
devient fou. Un désordre de l'esprit remplace un
désordre du corps. Comme preuve de ce qui précède,
de Bonnenhausen s'appuie sur l'autorité du chro-
niqueur Bulan, *Hist. secr.*, I, 12, pour raconter le
fait suivant, arrivé à la grand'mère de Mirabeau :

« Cette femme bigote, ainsi qu'il l'appelle, âgée
de quatre-vingts ans , et aussi décharnée qu'un
squelette, fut saisie, à la suite d'une erreur de
traitement pour la goutte, de nymphomanie fu-
rieuse. A partir de ce moment, elle parut reprendre
une nouvelle jeunesse ; ses époques revinrent. Cette
période de bonne santé dura quatre ans ; mais cette
femme déclina rapidement et mourut avec le retour
de sa raison. »

Voici le cas d'une personne qui, pendant quelques
années, ressentit une recrudescence de jeunesse et de
force, ainsi qu'un répit dans ses souffrances, par le
seul fait d'une séparation complète d'avec le monde
phénoménal. Elle était bigote, dit de Bonnenhausen.
N'est-il pas évident que la Providence, en interrom-

pant toutes les relations de cette malade avec son
entourage, relations qui avaient causé cette maladie
cérébrale, en imposant à la patiente un état qui la
protégeait contre l'influence de cette maladie et
en lui inspirant un amour pour autrui, d'essence
naturelle, il est vrai, au lieu peut-être d'une confiance morbide dans sa propre honnêteté, n'est-il
pas évident, disons-nous, que la Providence, en
faisant cela, traita cette maladie comme elle avait
traité autrefois celle de saint Paul ?

Quand **Jésus** et ses disciples descendirent de la
montagne de la Transfiguration, un homme s'approcha de lui, et, après s'être agenouillé, lui dit :
« Seigneur, aie pitié de mon fils qui est fou et qui
souffre cruellement ; il tombe souvent dans le feu
et souvent dans l'eau. Je l'ai amené à tes disciples,
et ils n'ont pas pu le guérir. » On nous dit que « Jésus
menaça le démon, qui sortit de l'enfant, et celui-ci
fut guéri sur l'heure ».

Tandis que Jésus se trouvait sur le territoire de
Tyr et de Sidon, une femme Syrophénicienne dont
la fille était possédée d'un esprit impur, « supplia le
Seigneur de chasser le démon hors de sa fille ». A
cause de la foi de la mère, Jésus répondit : « Va, le
démon est sorti de ta fille. » Et, quand elle rentra dans
sa maison, elle trouva l'enfant couchée sur son lit, le
démon ayant disparu 1.

1. St. Marc, VII. 26-30.

Lorsqu'il vit Jésus, l'homme à l'esprit impur, que personne ne pouvait enchaîner et qu'on ne pouvait dompter, accourut vers lui et l'adora. Jésus ordonna au malin de sortir de cet homme, et le Seigneur laissa le démoniaque vêtu et dans son bon sens. Alors celui-ci demanda à Jésus la permission de demeurer avec lui, mais Jésus fit de lui un missionnaire, comme il en fit un plus tard de Paul de Tarse [1].

Pourquoi les aliénés d'aujourd'hui ne verraient-ils pas Jésus aussi distinctement que le virent les démoniaques de Syrie, il y a vingt siècles ?

Par cela, nous sommes autorisés à croire que les fous et les faibles d'esprit, tant qu'ils restent détachés du monde phénoménal, peuvent être jusqu'à un certain point dans l'état d'un dormeur, et qu'ils partagent partiellement les avantages que l'on suppose provenir de l'état de sommeil ; mais il n'en faut pas conclure qu'aucune forme ou qu'aucun degré de folie soient désirables en eux-mêmes, autrement que pour mettre une barrière à des tendances spirituelles d'un caractère encore plus dangereux.

On peut croire que, dans bien des cas, la folie est le fruit de tendances soit réfléchies, soit héréditaires, entrées en conflit avec l'ordre divin. Les exemples que nous connaissons le mieux nous viennent de personnes devenues folles par suite de

1. St. Marc V. 2-20.

surmenage ou par l'emploi de moyens artificiels
destinés à repousser les demandes de sommeil for-
mulées par leur constitution. Comme ces excès sont
ordinairement le résultat d'une ambition extraordinaire, de la vanité ou de l'avarice, quand ces infirmités spirituelles arrivent à un point où l'on ne peut
plus espérer d'arrêt volontaire, nous supposons
qu'une providence miséricordieuse modifie les relations des sujets avec le monde phénoménal, afin
d'empêcher une dégénérescence spirituelle ulté-
rieure. Dans quelques cas, les interventions de Jésus
nous autorisent à penser que l'œuvre de régénération se poursuivait. Tout ce que l'on peut dire avec
confiance de l'influence de la folie, c'est que, en
détachant sa victime des préoccupations terrestres,
elle ressemble de loin à l'opération du sommeil, et
qu'elle est une preuve réelle de la miséricorde divine.
Un chercheur français est arrivé à conclure que ce
sont les militaires qui perdent le plus facilement
l'esprit. Sur 100.000 hommes des armées de terre
ou de mer, 199 sont incurablement fous. Dans les
professions libérales, les artistes succombent les
premiers à la tension perpétuelle de leur cerveau.
Leurs inspirations et leurs aspirations n'expliquent-
elles pas ce résultat ?

Je ne puis mieux terminer ce chapitre qu'en
citant les versets suivants pris dans le psaume CVII,
17-20 :

17. — Les insensés, par leur conduite coupable

Et par leurs iniquités, s'étaient rendus
[malheureux.

18. — Leur âme avait en horreur toute nourriture,
Et ils touchaient aux portes de la mort.

19. — Dans leur détresse, ils criaient vers l'Eternel,
Et il les délivra de leurs angoisses.

20. — Il leur envoya sa parole et les guérit ;
Il les fit échapper à l'abîme.

Mais on ne prétend pas ici que la preuve de leur guérison se soit toujours manifestée dans cette vie.

————

CHAPITRE XII

POURQUOI IL NE NOUS EST PAS PERMIS D'AVOIR
CONSCIENCE DE CE QU'ÉPROUVE L'AME PENDANT
LE SOMMEIL. — COMMENT NOUS DEVONS PRENDRE
SOIN DE NOTRE SOMMEIL. — LES NARCOTIQUES
SONT NUISIBLES AU SOMMEIL. — TOLSTOI, SUR
LES STIMULANTS A BASE D'ALCOOL. — TOUTES
LES VERTUS FAVORISENT LE SOMMEIL ; TOUS LES
VICES L'ÉLOIGNENT.

Si, par les lois immuables de notre existence, les
heures consacrées au sommeil sont, ainsi que j'ai
essayé de le démontrer, d'une telle importance
vitale pour notre développement spirituel, l'ordonnance de notre vie, pour ce qu'elle touche à notre
sommeil, prend une importance correspondante. Il
n'est point nécessaire d'arguments pour prouver
que nous devons éviter, autant que faire se peut
tout ce qui est susceptible de le rendre incomplet,
même dans la plus légère mesure. Il est à présumer
que de telles perturbations proviennent de notre
vie phénoménale, et que, tout au moins, elles empêchent notre complet isolement du monde et de ses
travaux. De plus, elles violent les mystères sacrés
auxquels notre âme — notre véritable moi — est
admise, grâce au sommeil, en vue de nous donner

l'instruction spirituelle dont l'assimilation peut nous être permise, sans nous ôter toutefois aucune notion qui puisse entraver la liberté de notre volonté ou notre responsabilité personnelle, pour ce que nous pouvons avoir à faire pendant nos heures de veille.

Je dis : « sans nous ôter toutefois aucune notion qui puisse entraver la liberté de notre volonté, » parce que ce qui se poursuit en nous pendant notre sommeil est un mystère aussi sacré qu'aucun des mystères de notre sommeil éternel. Mais il n'est pas difficile de deviner un but à ce mystère. Si nous avions également conscience de la vie que nous vivons pendant notre sommeil que de celle que nous vivons pendant notre veille, et si notre mémoire extérieure, ainsi que l'appelle Swedenborg, pouvait emporter ce que nous éprouvons en cet état, et nous révéler les trésors de notre mémoire intérieure, elle entraverait notre liberté, précisément de la même façon et au même degré que si nous pouvions prévoir l'influence de nos actes et de nos projets d'hier sur toutes les époques futures de notre existence. Une semblable connaissance serait fatale à notre développement spirituel et à la liberté de notre volonté, par lesquels seulement grandit notre sentiment du juste ; elle ferait place à un fatalisme aveugle et stupide.

Nous pouvons nous livrer à des spéculations sur les desseins de la Providence, tels qu'ils nous sont

révélés par la suite des événements de notre vie quotidienne ; mais nous ne savons rien d'eux quand ils
arrivent, et nous y pensons peu, ou même pas du
tout. Ce n'est que fort longtemps après leur arrivée
que nous commençons à comprendre combien ils
ont affecté le cours de notre vie plus profondément
que nous ne l'aurions voulu ; de quels périls nous
a protégés ce que nous considérions comme de
cruels désappointements ; à quelles tentations, qui
eussent été irrésistibles, notre ignorance, notre
faiblesse, nos découragements, notre pauvreté, nos
maladies, etc., nous ont permis d'échapper. Si
Dieu, dans sa sagesse, nous a rendus aveugles aux
conséquences des actes accomplis pendant nos
heures de veille — sagesse que l'expérience nous
force plus tard à reconnaître, et dont nous devons
nous montrer reconnaissants, — pourquoi mettre
en doute la divine prévoyance qui nous a caché ce
qu'elle essaie de faire pour nous au cours de notre
sommeil, alors que le dieu de ce monde est désarmé
et impuissant.

Il serait trop long d'énumérer tout ce qu'on fait
dans une société dite civilisée pour porter atteinte,
consciemment ou inconsciemment, à la qualité
ou à la quantité de notre sommeil. Un volume n'y
suffirait pas. Je vais seulement établir des catégories.

J'indiquerai en première ligne ce que nous absor-
bons comme nourriture, ou sous le déguisement de
ce nom. Existe-t-il, sur toute la surface du globe,

une table où l'on ne trouve pas, plus ou moins, des ennemis déclarés de tout sommeil vraiment réparateur, condiments choisis spécialement pour stimuler l'appétit, mais qui provoquent la gloutonnerie et l'abandon animal, sans égards pour les desseins divins qui nous ont donné cet appétit avec le pouvoir de le régler et de le maîtriser. Il est un fait digne d'une très grande attention : tout ce que nous prenons, non pas comme aliment, mais dans le but d'aiguiser notre appétit ou de satisfaire notre gourmandise, éloigne le sommeil.

« Si on désire que les gens se conduisent mal, dit le comte Tolstoï, on les alcoolise. On enivre les soldats avant de les envoyer au feu. On sait que les voleurs, les brigands et les prostituées ne peuvent se passer d'alcool. Tout le monde convient que l'absorption de ces narcotiques a pour objet d'étouffer les remords de conscience ; et cependant, dans les cas où l'emploi de ces stimulants n'aboutit pas à l'assassinat, au vol et à la violence, on ne le condamne pas [1].

Tolstoï fit cette habile réponse à quelqu'un qui prétendait qu'une légère gaîté — c'est-à-dire le commencement de l'ivresse, qui n'est qu'une éclipse partielle du jugement — ne peut avoir de bien importantes conséquences :

« Un peintre russe bien connu corrigeait un jour

1. Traduit d'un article paru, il y a quelques années, dans la Revue Rose.

un dessin fait par un de ses élèves. Çà et là, de la pointe de son crayon, il ne fit que quelques retouches, et, cependant, le résultat fut tel que l'élève s'écriait : « vous n'avez fait que deux ou trois traits sur mon dessin et je le trouve absolument changé » Le peintre répliquait: « L'art ne com-
« mence que lorsque des traits, à peine visibles,
« produisent de grands changements ». — Cette réflexion, ajoute le comte, est remarquablement juste, non seulement pour tout ce qui touche à l'art, mais aussi pour toutes les conditions de la vie humaine. »

Dans une lettre écrite à une jeune fille sur l'art de se procurer des rêves agréables, le docteur Franklin s'exprime ainsi :

« En général, l'homme, depuis le perfectionne-ment de la cuisine, mange à peu près deux fois plus que l'exige la nature. Si on n'a pas dîné, il n'est pas mauvais de souper ; mais des nuits sans sommeil sont la conséquence naturelle de soupers abondants, venant après de bons dîners. Comme les constitu-tions diffèrent les unes des autres, quelques per-sonnes reposent bien après ces repas ; cela ne leur coûte qu'un cauchemar, une attaque d'apoplexie, après quoi ils s'endorment jusqu'au jour du juge-ment dernier. »

Parmi les antisoporifiques, viennent immédiate-ment derrière l'alcool,les produits pharmaceutiques vénéneux.Il en est peu — je crains qu'il n'y en ait pas — dont l'influence directe ou indirecte ne combatte pas le sommeil. Malades ou bien portants, les animaux des champs les refusent tous.

La preuve de l'étroitesse de ce que nous appelons la civilisation consiste en ce que le seul art et la seule science que nous entourions des lois les plus arbitraires pour protéger ceux qui l'exercent, et auxquels nous confions le soin de guérir ou de prévenir nos maladies, soit précisément le seul corps professionnel organisé qui, dans la pratique, n'emploie presque toujours que des moyens thérapeutiques qui affaiblissent, détournent ou empêchent le sommeil, et qui, par conséquent, diminuent la vie. Si, dans toute la pharmacopée reconnue par la médecine, il y a un seul remède qui ne soit pas un poison et un agent plus ou moins activement hostile au sommeil, c'est celui-là dont on se servira le plus rarement — si même on s'en sert — excepté dans le cas où il faudra agir sur l'imagination du patient plutôt que sur sa maldie elle-même.

Au rang des remèdes poisons, il faut compter toutes ou presque toutes les boissons fermentées — la partie la plus dispendieuse du régime de ceux qui s'y livrent — café, thé, tabac, épices, et la plupart des toniques et des condiments de table, dont le nombre va sans cesse se multipliant. Toutes ces substances tendent directement ou indirectement à éloigner ou à affaiblir le sommeil, et, comme telles, sc..t des *« hostes humani generis »*. Les obs-

tacles qu'elles opposent au sommeil, bien que constituant peut-être leurs plus dangereuses propriétés,
sont très loin de représenter leur seule influence
pathogénique.

Feu le docteur Alonzo Clark, qui occupa, pendant
de nombreuses années, le premier rang parmi les
médecins consultants de la ville de New-York, dit
avec une incontestable autorité : « Tous les agents
curatifs, ainsi nommés, sont des poisons, et, par
voie de conséquence, toute dose diminue la vitalité
du malade. » Je ne crois pas qu'aucun confrère de
bonne foi osât contester sérieusement cette façon
de qualifier les remèdes.

Feu le vénérable professeur Joseph M. Smith,
M. D., dit également : « Tous les remèdes qui entrent
dans notre circulation empoisonnent le sang de la
même manière que les poisons qui ont donné naissance à la maladie. Les remèdes ne guérissent pas.
La digitale a hâté la mort de milliers de personnes.
L'acide prussique, après avoir été employé très
fréquemment en France et en Amérique, pour le
traitement de la consomption, a perdu sa bonne répu-
tation. On s'en est servi pour traiter des milliers de
malades, mais aucun n'a vu son état s'améliorer. Au
contraire, on a précipité la mort de centaines de gens.»

« Les médecins de la vieille roche considèrent la
digitale comme un spécifique pour les défaillances
du cœur. En voici les symptômes, tels qu'ils sont
relatés dans le manuel de Jahr :

« Sommeil — assoupissement pendant le jour et somnolence interrompue par des vomissements convulsifs ; la nuit, demi-sommeil agité ; sommeil nocturne interrompu par des rêves angoissants, avec sursauts. «

R. Clarke Newton, dans son traité sur *l'opium et l'alcool* dit :

L'insomnie ne signifie pas seulement le manque de sommeil ; elle indique aussi une faiblesse du cerveau, Aussi, faut-il regretter l'erreur qui, dans des cas semblables, consiste à supposer qu'un stupéfiant, jetant le cerveau dans un état qui dénature le sommeil, agira efficacement. C'est se tromper que d'administrer un narcotique dans les affections de cette nature.La stupeur masque simplement le danger. Il vaut mieux laisser le malade qui ne dort pas s'épuiser que de le stupéfier. Le bromure de chloral et les autres poisons qui provoquent un semblant de sommeil, ne sont alors que de vulgaires pièges. L'insomnie est une maladie du plus terrible caractère ; mais on ne doit pas la traiter par l'intoxication de l'organe sur lequel tombe toute la violence du mal. Le suicide qui se manifeste au début du détraquement, et qui peut paraître un acte sain, est l'issue logique du défaut de nutrition résultant du manque de sommeil. »

Le fait suivant est aujourd'hui reconnu par tous les médecins : l'usage des narcotiques, des boissons fermentées et de tous les autres toxiques au moyen

desquels les gens de toutes les nations recherchent
le plaisir — oubli des peines, des soucis, des chagrins
ou des déceptions de la vie — produisent momentanément la même condition que celle où se trouve
un homme qui rêve. La Faculté l'explique par des
lésions, des obstructions, des désorganisations des
tissus, des cellules, des centres nerveux, du foie ou
des reins, etc.... Ce sont des changements physiques
incidents à l'emploi de ces agents désorganisateurs.
En effet, ces agents désorganisateurs produisent
l'insensibilité partielle, tantôt passagère, tantôt chro-
nique, des troubles mentaux ou physiques, en affaiblissant notre notion de l'existence, précisément
comme le fait le sommeil d'une façon complète et
le rêve d'une façon partielle, après le réveil. Ces
rêves se prolongent quelquefois, et il en résulte
alors la démence.

Lasègue nous dit que le délire alcoolique n'est pas
un délire, mais bien un rêve [1]. De son côté, Max
Simon nous apprend que « le malade alcoolique
commence à délirer dans un rêve, pendant qu'il est
endormi, et qu'il continue éveillé, tandis qu'aux
autres aliénés, mélancoliques, paralytiques, mania-
ques, le sommeil apporte une trêve réparatrice [2].

Au début, le rêve de l'alcoolique apparaît comme
un trouble passager et cesse à son réveil. Ce n'est
qu'un cauchemar. Puis le rêve se prolonge après

1. Lasègue Archives générales de Médecine, 1881.
2. Max-Simon, Le Monde des Rêves ; Paris, 1882.

le réveil, et il s'extériorise dans une sorte de délir
apaisé. Finalement, l'auto-intoxication atteint sc
maximum dans cet état mental particulier décri
pour la première fois, par un savant médecin frar
çais, comme une *confusion mentale*. Le souvenir d
rêve peut survivre au rêve lui-même pendant que
que temps et devenir une espèce de délire subaigu
auquel Baillarger a donné le nom d'*idées fixes* [1].

Tandis que la Faculté reconnaît universellemer
cette similitude entre les rêves et l'état d'une pe
sonne intoxiquée par des narcotiques, de l'alcoo
du haschisch, ou de tout autre des mille remèdes au
quels on a recours pour alléger temporairemen
les souffrances ou les chagrins, les angoisses ou le
dépressions de toutes sortes, il ne semble êtr
venu à l'esprit de personne que, dans les deux ca
le spécifique pour le soulagement est précisémen
le même que l'on recherche dans le sommeil, c'es
à-dire l'insensibilité à nos douleurs et l'oubli de c
monde qui les engendre toutes. Cette ressemblanc
avec les rêves consiste dans l'insensibilité créé
par tous ces produits — c'est à dire la suspensio
partielle de notre conscience d'être. Quel malheu
qu'au lieu de demander cette insensibilité au som
meil, une si notable proportion de la race humain
substitue à ce dernier des substances nocives

1. Ballarger, « De l'influence de l'état intermédiaire à l
veille et au sommeil sur la production des Hallucinations.
Annales Médico-Psychologiques, 1845.

quelle pitié que, là où la volonté est trop faible pour résister à la tentation de se servir de ces substances nuisibles, « la sagesse des sages périsse et intelligence des hommes entendus s'évanouisse [1] ».

Je place ensuite la lutte pour la fortune, pour le pouvoir et pour le rang parmi les hommes, l'accumulation excessive des soucis et des responsabilités — conséquence, dans bien des cas, d'une ambition, d'une vanité ou d'une cupidité effrénées.

Les hommes entre deux âges et les vieillards souffrent le plus de cette infirmité.

« Le souci fait le guet dans l'œil de chaque vieillard.

Et là où il habite, le sommeil ne peut jamais entrer ;
Mais là où l'adolescent sain, au cerveau libre,
Allonge ses membres, le sommeil règne en maître. »

Quand un homme a atteint soixante-dix ans et que, pour employer un style en honneur dans les compagnies de chemins de fer, il descend la pente, il devrait s'étudier à simplifier sa vie, afin de n'avoir jamais besoin de puiser dans ses réserves ni de travailler sous pression ou avec un excédent de force nerveuse dont il a conscience. Négliger cette précaution, c'est presque certainement porter atteinte à la quantité et à la qualité de notre sommeil, et nous forcer d'avoir recours, tôt ou tard, à un stimulant quelconque, à l'aide duquel nous empruntons pour aujourd'hui la force de demain, ce qui nous cons-

1. Isaïe XXIX, 14

titue rapidement les débiteurs de la nature, le plus inexorable de tous les créanciers. Feu le Dr A. P. Peabody, de l'Université d'Harvard, dit ce qui suit au sujet des scandales que nous révèlent trop fréquemment les feuilles publiques à propos des hommes qui, après s'être mis à la tête des mouvements religieux, se sont déshonorés et ont discrédité, par d'ignominieux péculats, des détournements et des fraudes, la foi qu'ils professaient :

« Nous ne sommes point surpris que ces exemples aient été placés et maintenus en vue devant le public ; car de pareils cas sont assez rares pour fixer justement une attention sérieuse et exciter de violents commentaires. Autant que nous pouvons le savoir, il s'agissait chaque fois de cas où, pendant une longue période de temps, les coupables avaient été tellement absorbés par des affaires multiples, pressantes et embarrassantes, que la vie religieuse était physiquement impossible, le repos indispensable à la dévotion hors de leur portée et les thèmes supra sensuels de méditations exclus par une nécessité, imposée par eux-mêmes, il est vrai, mais imposée — il y a tout lieu de le croire — avant les premiers pas faits dans la voie du crime et de la honte manifestes. Nul chrétien sain d'esprit ne prétendra ni ne se figurera que la fréquentation de l'église avec notre ouïe intérieure fermée et volontairement assourdie, que la formalité de la communion chrétienne sans l'esprit de la croix ; que les dimanches, surchargés des soucis de la semaine écoulée et obscurcis par les ombres menaçantes de celle qui commence que tout cela soit un spécifique moral. Beaucoup de ceux qui se disent, qui se croient même chrétiens, ont précisément un besoin urgent des enseignements qui résultent des désastres survenus à leurs propres frères. »

Tous les appétits, tous les penchants, toutes les concupiscences et toutes les passions que nous sommes incapables de maîtriser sont incidents à notre nature non régénérée, et en sont autant de témoignages : ce sont les faiblesses de la chair, que notre vie d'épreuve a pour mission et pour but de dominer.

Il existe un fait plus important à connaître de bonne heure et à ne jamais perdre de vue, le voici : Tous ces appétits, tous ces penchants, toutes ces passions se montrent les ennemis les plus acharnés du sommeil. La plus impressionnante démonstration de l'inflexible logique de la Providence consiste en ce que tous ces ennemis du sommeil, si on leur lâche la bride, minent notre santé, émoussent nos sens les uns après les autres, diminuent — et finalement éteignent — le plaisir qu'ils étaient destinés à provoquer. De cette façon, et ainsi que la vieillesse, ils peuvent, dans une certaine mesure, servir aux mêmes fins que le sommeil, en détachant un homme des préoccupations terrestres par la privation des moyens qui lui permettaient d'user de ce dont il persiste à abuser; «c'est ainsi qu'il est détourné de ses projets et préservé de l'abîme ».

Il serait bon que chacun comprît que toutes les vertus favorisent le sommeil, et que tous les vices le rebutent. Nous avons, dans la satisfaction de nos appétits, le sublime devoir de respecter les lois de notre existence qui nous imposent de nous commander à nous-mêmes. Si nous mangeons trop, si nous buvons trop, si nous consacrons une trop grande partie de notre temps et de nos forces à une occupation ou à un amusement quelconque, le premier reproche que nous adressera la nature pour un semblable excès sera u.i c. ngement dans la qualité ou dans la quantité de notre sommeil; la conscience, éperonnée par les dragons du remords, nous suivra jusque dans notre chambre pour nous dire que le sommeil ne nous délassera qu'autant que nous nous repentirons de ces abus. Notre repos sera proportionnel au respect que nous témoignerons envers les lois de notre existence, lois qui émanent de notre Créateur.

Nous devrions considérer le désir — bien plus, la nécessité — de dormir comme une mesure prise par la Providence pour nous inciter à cultiver les vertus les plus propres à nous faire jouir du sommeil; de même que la faim et la soif sont des agents providentiels qui nous enseignent à être sobres, travailleurs et modérés, afin de ne satisfaire que modérément ces deux besoins.

Si toutes ces choses sont vraies pour le sommeil,
elles nous obligent évidemment à des devoirs que
le prêche, la presse et tout le genre humain négli-
gent d'une façon déplorable.

FIN

INDEX

Pages

ABDALLAH (Mort d') 169

ABEL, (Carl). — La sainte Forêt. 114

AGASSIZ (Le professeur). — Son curieux
rêve 32

ANIMAUX.

Les bêtes de proie diffèrent des animaux
domestiques en ce qu'elles chassent la nuit
et qu'elles dorment le jour. 94

Distinctions morales entre les animaux
d'ordre inférieur et l'homme au moment
du réveil. 94

Lorsque les animaux domestiques ne sont
pas protégés contre leurs ennemis pendant le sommeil, ils reviennent à l'état
sauvage 94

Les animaux sauvages sont facilement
domptés, si on les habitue à dormir sans
crainte 94

Les serpents venimeux ne ferment jamais
leurs yeux 95

ARDATUS dédie un temple aux Muses et
au Sommeil 144

ARNOLD (Sir Edwin). — La mort d'Abdallah 169

Pages

BAXTER (Richard).—Inquiry into the nature
of the Soul   38

BEDE (Le Vénérable). — Ainsi nommé pendant le sommeil par un ange.   45

BIBLE.— Le recueil des faits les plus importants sur le sommeil   45

BONNENHAUSEN. — Histoire d'une
femme bigote   198

BROUGHAM (Lord). — Son sommeil prolongé   53

BROWN (Sir Thomas). — Ressemblance
entre le sommeil et la mort.   178

BUFFON. — Le sommeil, quand nous descendons dans la vie organisée.   57

BUSHNELL (Rev. Horace). — L'homme se
rapproche d'un démon qui se réveille en
colère   42
La nuit est la barre où sont jugés nos actes
de la journée   40

BYRON (Lord). — Récit fait à Georges
Ticknor   115

CAIUS MARIUS se présente à Cicéron
dans un rêve   63

CHINOIS (Les) punissent les crimes flagrants en empêchant les coupables de
dormir   92

CICÉRON (Rêve de)   63

Pages

CLARK (D' Alonzo). — Tous les agents
curatifs sont des poisons   208

CULTIVATEUR (Le) écossais qui n'a jamais
pris une nuit de repos   26

DANTE. — L'heure du matin   139

DRYDEN. — Les rêves du matin nous pré-
disent notre bonheur ou notre malheur
futur   141

ENEE, le matin, adresse des actions de
grâce au Tibre, le dieu de la rivière. . . .   141

FRANKLIN (Le D'). — Des récréations. .
Ce qu'il en coûte de se procurer des rêves
agréables   207

FAIBLES d'esprit et fous. — Comment ils
sont traités dans le monde phénoménal. .   198

Dans la Bible   199

Hommes célèbres atteints de cette infirmité   192

Aucune différence entre le cerveau d'un
fou et celui d'un homme sain d'esprit. .   197

GAELIQUE (Proverbe)   85

GŒTHE (Proverbe de)   18

GRINDON (Léo H). — *Life : Its Nature,
Varieties and Phenomena*   40

Pages

HAITIENS. — Ils infligent une défaite à
Napoléon   93

HAMILTON (Sir William). — Latence morale   145

HERRICK (Robert).   26

HERRING (Le docteur). — Découvre le remède lachesis.   96

HÉSIODE. — Le Sommeil frère de la
mort   42

HOMER. — Parenté du sommeil et de la
mort   174

HASARD (Rien n'arrive par)   123

HYPNOS obligeant un lion à dormir. . . .   60

HYPNOTISME   30

IAMBLICHUS.   60

INSANITE, idiotie, suspension partielle de
la conscience, comme dans le sommeil, qui
est ainsi protégée spirituellement. . . .   183

JACOB, petit-fils d'Abraham, la tête appuyée
sur une pierre, est visité par des rêves
merveilleux.   66

JARDIN DES PLANTES. — Curieux rêve
du professeur Agassiz   32

JOSEPH, appelé rêveur par ses frères. . .   186

JOUFFROY. — L'esprit continue à se dé-
velopper pendant les heures de sommeil

Pages

comme pendant celles de veille ; ses adieux
à ses élèves.   23

HOMME (L'). — Sa constitution matérielle
et spirituelle ; un occupant spirituel d'un
corps matériel 19-157
LACHESIS. — Le plus venimeux des serpents.— Effet thérapeutique de son poison, insomnie persistante.   96
LACTANCE et LUCRECE représentent les
gens sortant du sommeil comme de la
mort, semblables à une flamme jaillissant
de cendres remuées 174
LAMB (Charles) explique les douceurs de la
folie 189
LASEGUE.— Le délire alcoolique n'est pas
un délire, mais un rêve 211
LAZELLE (Capitaine H. M.). — Citation. .21
LEON XIII. — Dieu seul est la vie. . . . 159
LEONARD (W. S.).— Récit de la découverte
du lachesis comme remède faite par le
Dʳ Herring.   96

MACROBE retrouve le texte du rêve de
Scipion l'Africain 160
MAGNETISME.   30
MANACEINE (Marie). — Phénomènes du
sommeil. 115

Pages.

MARTHE possède les sympathies du monde,
    mais Jésus lui préfère Marie.   186
MATIERE (La) ne peut ni crééer ni arrêter
    le mouvement.   20
MEIBON (Heinrich). — Ressemblance du
    sommeil avec la mort   180
MEMOIRE intérieure et extérieure. . . .   147
MENANDRE. — Le sommeil est le remède
    naturel à toutes les maladies.   92
MESMERISME.   30
MILTON. — Le sommeil est une douce in-
    cursion dans la vie spirituelle. « Lorsque le
    matin empourpre l'Orient... »   140
MAHOMET reçoit la visite de l'ange Gabriel.   62
MATIN (Evénements historiques arrivés le)   127
MONDE (Le).— Synonyme de toutes sortes
    de concupiscences   154
MORT (La) est un sommeil   159
MUSES (Temple des) et du sommeil, cons-
    truit par Ardatus, parce que, de toutes les
    divinités, le sommeil seul est l'ami des
    Muses.   144

NAMATIEN (Claudius Rutilius) se moque
    d'un Juif qui ne travaille pas le septième
    jour pour imiter « son Dieu fatigué ».. . .   118
NAPOLÉON Ier recommande la religion de
    Mahomet   62

Pages.

Sa défaite par Toussaint Louverture . .   93
NEWTON (R. Clarke). — L'insomnie est le
résultat d'une faiblesse du cerveau. . . .   210

ONEIROS. Le dieu grec du sommeil. . . .   60
OVIDE et les premières heures du matin. .   138

PARSONS (T. W.). — « Visions du ma-
tin, alors que les rêves sont les plus
vrais. »   139
PAUSANIAS. — Temple pour sacrifier en
l'honneur des muses et du sommeil. . .   144
Conte d'Oneiros et d'Hypnos   60
Peinture de la mort et du sommeil. . . .   175
PEABODY (Dr A. P.).   214
PERSÉE, roi de Macédoine, supplicié par la
privation de sommeil   93
PHENOMENAL (Monde). — On s'en déta-
che absolument par le sommeil..   34
Un des plus grands préceptes de la vie
chrétienne   153
PILATE, très heureusemnt prévenu par un
rêve de sa femme.   77
PLINE l'Ancien   43
PITT (Guillaume). — Son sommeil pro-
longé   52
POPE (Alexander)   140

REPOS (Le). — Erreur de croire qu'il implique l'inactivité 14

Aucun exemple de repos absolu. 15

Ce qu'on entend par ces mots : Dieu se reposa le septième jour 117

REVEURS (Les). — Sont toujours éveillés, s'ils se souviennent de leurs rêves. . . . 28

RÊVES, c'est aller à l'épuisement moral que de ne pas se donner le temps de rêver. Ils ne sont qu'un sommeil imparfait . . . 26-27

RICHARDSON (Benjamin Word). — Maladies de la vie moderne 87

SABBATS supplémentaires 184

SAUVAGES (Les) vivent moins longtemps que les hommes civilisés, parce qu'ils sont davantage exposés aux surprises de la nuit. 95

SCIENCE (La) admet maintenant que nos facultés physiques et psychiques ne se reposent pas pendant la nuit. 22

SERPENTS (Les) venimeux ne ferment jamais les yeux. 95

Sommeil inoffensif la nuit 96

Capture par le Dr Hering, du lachesis, le plus venimeux des serpents 96

SHAKESPEARE (Opinion de) sur l'utilité et le but du sommeil 101

Pages

SOMMEIL. — Pourquoi passons-nous à dormir un tiers de notre existence ? 13

Pendant que nous dormons, aucune fonction de notre corps ne se repose. . . . 15

Invitation de la nature à dormir. 17

Merveilleux changements opérés, non pas par le sommeil physique, mais par le sommeil psychique 39

Suivant les âges, la quantité de sommeil nécessaire varie 57

Effet du sommeil sur les exigences de notre estomac. 53

Éveillés, couchés sur notre lit, nous demeurons quelques minutes sans bouger ; endormis, au contraire, nous restons immobiles pendant de longues heures. . . . 54

Plus nous descendons dans la vie organisée, plus longtemps le sommeil est nécessaire 56

Nos impressions de sommeil formées avant son arrivée et une fois que nous commençons à nous réveiller. 58

Conséquence de sa privation 86

Le sommeil, remède naturel de toutes les maladies 92

Il est une mort passagère. 159

Endormis, nous sommes sans pouvoir sur quoi que ce soit du monde visible, comme

Pages

éveillés, nous le sommes également sur les choses du monde spirituel.   168

La ressemblance du sommeil avec la mort reconnue par la Bible, par Lucrèce, par Homère, par Xénophon et Hésiode, par Sir Thomas Brown, par Heinrich Meibon, par Henry Vaughan. . . .   170-180

Dans le Panthéon grec, on avait placé le Sommeil et la Mort à côté l'un de l'autre, parce qu'on les considérait comme frères.   174

Nous ignorons ce qui se passe au cours de notre sommeil   204

Les ennemis du sommeil   205

Les anciens supposaient que les dormeurs étaient plus aptes à communiquer avec la divinité s'ils s'endormaient dans les temples que partout ailleurs   111

Explication du sommeil à l'église. . . .   109

Ceux qui se promènent endormis ; leur activité, leur sagacité et leur force. . .   28

SMITH (Le professeur Joseph M.). — Les remèdes ne guérissent pas la maladie. .   209

SOMNAMBULES. — Relèvement de leur courage et de leurs aptitudes pendant le sommeil   28

SWEDENBORG. — Dualité de la mémoire : intérieure et extérieure   146

SWIFT (Dean). — Lettre à Pope.   113

Pages

TEMPLES. — Les anciens supposaient ceux qui dormaient dans les temples plus aptes à communiquer avec la divinité que s'ils s'endormaient partout ailleurs. 110

TICKNOR (Georges). — Histoire à lui racontée par Lord Byron 115

TOLSTOI (comte). — Comment, si on le désire, on pousse son prochain à faire le mal 206

TOURON 43

TOUSSAINT LOUVERTURE. — Comment il défit à Haïti l'armée de Napoléon. 93

TUKE (D' Hack). — Exercice supérieur de la pensée comme pendant le sommeil. . . 29

VAUGHAN (Henry). — *Hours with the mystics* 61
Stances à la Nuit . . . .

VERTUS (Toutes les) favorisent le sommeil ; tous les vices l'éloignent. 216

VOLTAIRE (Rêve de). — Il rêve qu'il soupe avec Touron 43
Il récite en rêve le premier chant de la Henriade. 44
Toutes nos idées nous viennent pendant le sommeil, indépendamment de nous et malgré nous 44

Pages

WALLER (le poète) 5o
WRAXALL, (Mémoires de).   52

XENOPHON. — Ressemblance du sommeil
avec la mort   177

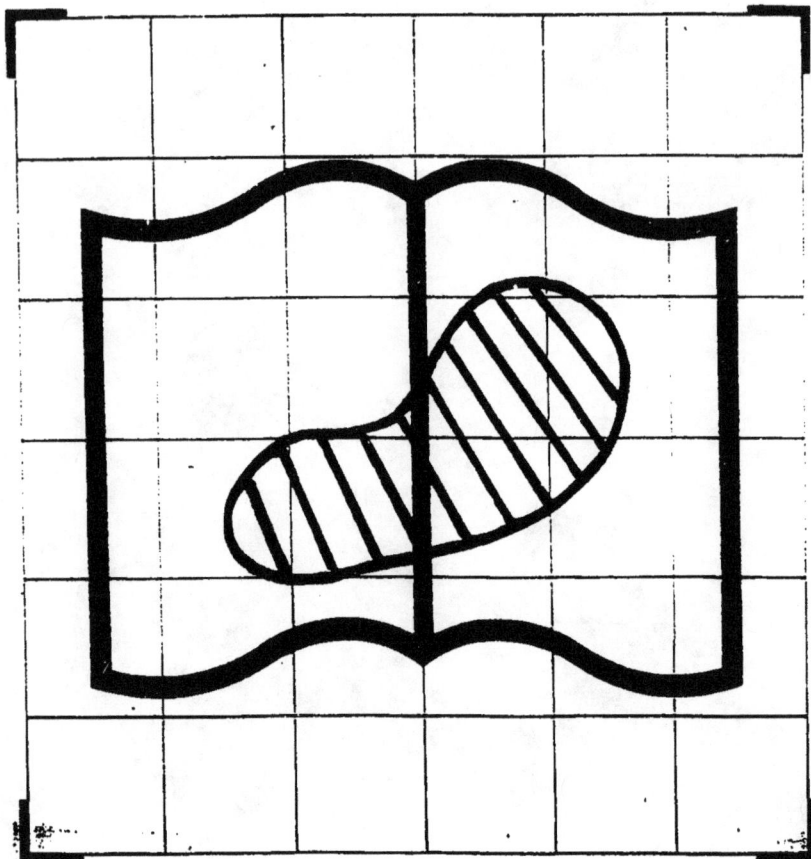

www.ingramcontent.com/pod-product-compliance
Lightning Source LLC
Chambersburg PA
CBHW061010280326
41935CB00009B/908